태평양전쟁과 고고학

Taiheiyô Sensô to Kôkogaku

Copyright © 1997 by Hideichi Sakazume

First published in Japan in 1997 by Yoshikawa Kobunkan Co., Ltd., Tokyo
Korean translation rights arranged with Yoshikawa Kobunkan Co., Ltd.
through Japan Foerign-Rights Centre / Shinwon Agency Co.

All rights reserved.

이 책의 한국어판 저작권은 일본저작권센터와 신원 에이전시를 통해 요시카와코분칸과
독점 계약한 생각과종이에 있습니다. 저작권법에 의해 한국 내에서 보호를 받는 저작물이므로
무단전재와 복제를 금합니다.

太平洋戦争と考古学

태평양 전쟁과 고고학

사카즈메 히데이치 지음 | 이기성 옮김

생각&종이

차례

수년간 침체되었던 고고학　　　　　　　　7

1부　　　　　　　　　관과 민간의 고고학

'외지'를 지향한 관의 고고학　　　　　　12
민간 고고학의 발흥　　　　　　　　　　35

2부　　　　　　　　"대동아공영권"의 고고학

일본 고고학사의 결락　　　　　　　　　78
서쪽으로—한반도　　　　　　　　　　　82
더 서쪽으로—'만주국'　　　　　　　　103
그리고 서남쪽으로—중국 대륙과 '타이완'　124
남쪽으로—'남양'과 그 주변　　　　　　137
북쪽으로—사할린　　　　　　　　　　151
파도 끝의 고고학—브라질 이민과 고고학　156

3부 　　　　　　　　　　　　건국의 고고학

건국의 사적과 고고학　　　　　　　　　　**164**
일본고대문화학회의 탄생과 활동　　　　　**173**
고고학자와 '일본 정신'　　　　　　　　　**193**

참고문헌　　　　　　　　　　　　　　　　**202**
후기　　　　　　　　　　　　　　　　　　**205**
찾아보기　　　　　　　　　　　　　　　　**210**

일러두기
1. 이 책의 번호 각주는 지은이의 것이다. 옮긴이의 주석은 ●로 표시하였다.
2. 이 책에 나오는 인지명은 국립국어원 외래어표기법에 따라 표기하였다. 중국 인지명의 경우 처음 나올 때 중국식 발음으로 쓰고 한자를 병기한 후 괄호 안에 한자 훈음을 쓰는 것을 기본으로 하되, 일부는 한자 훈음만 표기하였다[예: 장명린參麟(장몽린)]. 일본인 학자들의 저작물에 쓰인 중국 인지명은 대부분 한자 훈음으로 읽었다(예: 『목양성—남만주 노철산록 한 및 한 이전 유적』). 그리고 일부 지명은 현재 통용되는 표기법과 이전의 표기 방식을 병용하였다(예: 몽골/몽고).
3. 이 책에 언급된 학회 또는 연구회의 명칭은 띄어쓰기를 하지 않고 모두 붙여 썼다.
4. '기원 이천육백년', '황기 이천육백년'은 일종의 고유명사로 사용하였다.

수년간 침체되었던 고고학

오모리大森 패총이 발굴된 지 120년, 도로登呂 유적이 발굴된 지 50년, 이와주쿠岩宿 유적이 발굴된 지 48년이 지났다. 그리고 일본인류학회日本人類学会가 설립된 지 113년, 일본고고학회日本考古学会가 설립된 지 101년, 일본고고학협회日本考古学協会가 설립된 지 49년의 시간이 흘렀다.

청일·노일 전쟁 그리고 중일전쟁을 거쳐 태평양전쟁에 이르기까지, 메이지明治시대부터 쇼와昭和시대의 전반기에 걸쳐 대일본 제국은 군사력 증강을 통해 아시아·태평양 지역에서 패권을 장악하려는 야망을 키워왔지만 이루지 못했다. 태평양전쟁에서 패전하며 청일전쟁 이래의 부국강병책에 종지부를 찍게 된 것이다.

일본 고고학계 역시 이러한 시간의 흐름과 함께해왔다는 것은 말할 필요조차 없다. 많은 선학들이 일본 고고학사를 연구해왔는데, 특히 사이토 다다시斎藤忠는 방대한 고고학 사료를 수집하고 분석해『일본 고고학사日本考古学史』[쇼와 49년(1974), 요시카와코분칸吉川弘文館]를 비롯한 다수의 관련서를 발간하였다. 이렇듯 일본 고고학 사료는 상당히 정비되고 충실한 상태에 이르렀다. 그러나 '일본 고고학사'의 시점에서 설명하기 때문일까. 그 기술은 일본 열도 내의 연구사에 치우쳐져 있으며, 열도 밖에서 일본인이 진행한 고고학 연구는 그다지 다루지 않고 있다.

다이쇼大正 말년부터 쇼와 전반에 걸쳐 일본의 고고학자, 특히 '관'에 소속된 고고학자는 적극적으로 '외지'의 유적 조사에 임했다. 한편 '민간'이 배출한 고고학 연구자는 자신의 학회를 조직하고 기관지를 간행하며 새로운 고고학을 표방하고 활동했다. 이러한 움직임은 쇼와 전반기에 두드러지게 나타난다. 사이토는 쇼와 15년(1940)까지를 "쇼와 전기 고고학"으로 구분했다(앞의 책).

이 구분은 "태평양전쟁 중 고고학이 침체되었던 수년"이라는 인식에 따른 것이다. 이 '침체되었던 수년'간 일본 고고학은 학문적으로 화려한 성과를 거두었다고 말할 수는 없지만 나름의 학문적인 활동을 지속했다. 그것은 학회 활동으로, 특히 각각의 기관지에서 활발하게 나타난다. 그런 면에서 "쇼와 전기 고고학"을 쇼와 20년(1945) 8월까지로 확대해 생각해볼 필요가 있다.

이 책의 과제

'침체되었던 수년'의 일본 고고학사를 '관'과 '민'의 고고학, '내지'와 '외지'의 고고학적 조사라는 시점에서 생각해보면, '일본 고고학사의 결락된' 측면이 떠오른다.

15년 전쟁*, 특히 태평양전쟁과 일본 고고학의 관계에 대해서는 실제로 진행된 조사 사업들을 담담하게 설명하는 것이 주류였다. 그 구체적 사실의 배경을 의기양양하고 거침없이 해설하는 것이 어려운 일은 아니겠지만, 태평양전쟁이 종결된 지 반세기가 지나고 쇼와시대가 끝난 지도 벌써 10년 가까운 세월이 흐른 지금, '태평양전쟁과 그 이전의 일본 고고학계'의 동향을 살펴보는 것도 중요할 것이다.

지금 일본 고고학계에서 과거의 '외지' 고고학—즉 '식민지' 고고학은 점차 관심 밖으로 사라지고 있다. 그러나 반세기 이전의 일본 고고학계에서는 중심적인 관심사였다. 쇼와 20년 8월 이후, '외지'에서 고고학에 종사했던 연구자들은 각자의 연구 내용을 조사 결과·보고·논문으로 정리해서 정리했으며, 차출되어 '외지'에서 우연히 유적·유물을 접한 연구자들 역시 그 자료의 내용을 개진했다.

• 1931년 만주사변부터 1945년 태평양전쟁이 종결되기까지 일본이 벌인 침략 전쟁.

'침체되었던 수년'이 나름의 의미를 가진 기간으로 일본 고고학사에 위치 매김하는 것이야말로 전성기를 누리고 있는 현재 일본 고고학의 장래에 유의미할 것이다.

1부 _____ 관과 민간의 고고학

'외지'를 지향한
관의 고고학

하마다 고사쿠와 『동아 문명의 여명』

하마다 고사쿠의 고고학

"일본에서 고고학을 인문과학의 하나로 바르게 자리매김하게 했고, 그 발전에 공헌한 위대한 학문적 업적을 남겼다"[사이토 다다시, 『일본 고고학사 사전日本考古学史辞典』, 쇼와 59년(1984), 도쿄도東京堂]고 칭해지는 하마다 고사쿠浜田耕作는 넓은 시야로 동아시아 고고학의 기초를 확립한 고고학계의 석학이다.

하마다의 고고학[『하마다 고사쿠 저작집浜田耕作著作集』, 전 7권, 쇼와 62(1987)~헤이세이平成 5년(1993), 도호샤 출판同朋舎出版]은 일본 고고학의 고전으로 지금도 읽히는 『통론고고학通論考古学』[1][다이쇼 11년(1922)]을 비롯해 유적 발굴 보고서의 기준이 된 『교토 제국대학

문학부 고고학 연구 보고京都帝国大学文学部考古学研究報告』(전 16권)[다이쇼 6(1917)~쇼와 15년] 등 일본 고고학의 여러 분야에서 회자된다.

한편 하마다는 교토 제국대학의 문학부장과 총장으로 대학 행정에도 역량을 발휘했을 뿐만 아니라 동아고고학회東亜考古学会와 동방고고학협회東方考古学協会를 탄생시킨 주역으로, 일본의 고고학이 아시아 고고학계에 군림하는 데 중심이 되었다.

「동아 문명의 여명」

쇼와 5년(1930) 2월 하마다는『동아 문명의 여명東亜文明の黎明』』[2](도코쇼인)이라는 제목의 책을 발표했다. 국판으로 본문 103페이지에 클로스로 장정한 이 책은 「고고학상으로 보는 동아 문명의 여명考

---

1   이 책은 다이쇼 11년 7월에 초판(다이토카쿠大鐙閣)이, 다이쇼 14년(1925) 12월에 4판이 간행되었다. 그후 쇼와 4년(1929) 3월에 새로운 장정의 6판(도코쇼인刀江書院)이 간행되고, 이후 같은 체제로 중쇄를 거듭했다. 쇼와 23년(1948) 8월, 세 번째로 장정을 바꾸어 새롭게 발간되어(젠고쿠쇼보全国書房) 쇼와 26년(1950) 4월 3판까지 간행되었다. 1931년에는 위젠화俞剣華(유검하)가 중국어로 번역한 판본(『고고학통론考古学通論』)이 상하이에서 간행되었다. 그리고 초판을 바탕으로 한 복각판이 쇼와 59년 2월, 쇼와 61년(1986) 6월, 헤이세이 원년(1989) 3월, 헤이세이 8년(1996) 6월에 간행(유잔카쿠 출판雄山閣出版)되었다.
2   『일본 문화 명저선日本文化名著選』(쇼겐샤創元社)에 수록되었고, 쇼와 14년(1939) 2월 새로운 장정으로 다시 소개되었으며, 쇼와 17년(1942) 8월에 제4판이 발행되었다. 또한 1932년에는 왕푸취안汪馥泉(왕복천,『동아문화의 여명東亜文化之黎明』), 1935년에는 양롄楊錬(양련,『동아 문화의 서광東亜文明の曙光』)이 각각 중국어 번역본을 발행했다.

古学より見たる東亜文明の黎明」에 부록으로「일본 문명의 여명日本文明の黎明」을 추가한 것이다. 두 개의「여명」은 쇼와 3년(1928) 11월과 그다음 해 11월에 교토 제국대학에서 열린 강연을 골자로 한 평이하게 읽을 수 있는 글이다.

쇼와 3년, 전해에 동아고고학회의 첫번째 사업으로 중국 비자와貔子窩를 발굴하고 유럽으로 떠났던 하마다가 돌아왔다. 그는 이해 9월에는 동아고고학회의 목양성牧羊城 발굴에 참가하는 등 활발하게 활동했다. 즉 이 강연은 하마다의 '동아'에 대한 고고학적 연구가 개화되었을 때 이루어진 것이다.

「고고학상으로 보는 동아 문명의 여명」은 구석기시대부터 신석기·청동기·철기 시대까지 다루며, 특히「채문토기와 서방 문화와의 관계彩紋土器と西方文化との関係」,「소위 스키타이문화와 그 영향所謂スキート文化と其の影響」,「한대 문화의 동점과 남만북선漢代文化の東漸と南満北鮮」등에서 보여준 넓은 시야에 바탕을 두고 있다. 그는「남조선과 서일본에서의 중국 문화南朝鮮と西日本に於ける支那文化」에서 "남조선… 지방에도 중국인, 인도네시아인 등과 혼혈한 퉁구스족이 북방에서 유입되었는데, 그곳은 과거 남조선으로 이주한 일본 민족과의 혼혈을 통해 탄생했다고 여겨지는 한민족이 차지하고 있었다"며, "남선의 민족 중에는 일본인의 피가 적지 않게 섞여 있는데, 특히 삼한 중 변한, 즉 임나 지방(낙동강 연안)에서 그러하다"고 말한다.

이 책이 출판되고 5개월 후인 쇼와 5년 7월 문학부장에 취임한 하마다가 활발하게 활동할 때의 고고학 강연이었다.

이후 그는 교토 제국대학을 비롯해 동아고고학회, 동방고고학협회의 고고학적 발굴 조사를 기획, 실시한다.[3]

동아고고학회의 설립과 활동

두 개의 학회와 협회

동아고고학회와 동방고고학협회, 이 두 학회·협회는 호화로운 『동방고고학 총간東方考古学叢刊』(갑종: B4판·6권, 을종: A5판·8권)과 『고고학 논총考古学論叢』(2권)으로 널리 알려져 있다. 특히 『동방고고학 총간』은 "동아시아 고고학의 기초를 다진 것으로, 국내는 물론 국외에서도 매우 높이 평가되고"[세키노 다케시関野雄,「고고학사·동아시아考古学史·東アジア」,『세계고고학대계世界考古学大系』제16권, 쇼와 37년 (1962) 12월, 헤이본샤平凡社] 있는데도 학회·협회의 설립과 역할, 그리고 실제적인 활동에 대해서는 의외로 알려져 있지 않다.

---

[3] 하마다에 관해서는 앞서 소개한 『하마다 고사쿠 저작집』(쇼와 62~헤이세이 5년, 도호샤 출판)으로 알 수 있다. 『하마다 선생 추도록浜田先生追悼録』(쇼와 14년 10월), 후지오카 겐지로藤岡謙次郎의 『하마다 세이료와 그의 시대浜田青陵とその時代』[쇼와 54년(1979) 12월, 가쿠세이샤学生社]는 그의 생애와 업적을 아는 데 유용하다.

『동방고고학 총간』

(갑종甲種)

제1책 『비자와—남만주 벽류하 강변의 선사시대 유적貔子窩—南滿洲碧流河畔の先史時代遺跡—』, 하마다 고사쿠(쇼와 4년 3월)

제2책 『목양성—남만주 노철산록의 한 및 한 이전 유적牧羊城—南滿洲老鉄山麓漢及漢以前遺跡—』, 하라다 요시토原田淑人·고마이 가즈치카駒井和愛 (쇼와 6년 12월)

제3책 『남산리—남만주 노철산록의 한대 전묘南山裡—南滿洲老鉄山麓の漢代甎墓—』, 하마다 고사쿠·시마다 사다히코島田貞彦(쇼와 8년 7월)

제4책 『영성자—전목성역 부근의 한대 벽화 전묘営城子—前牧城駅付近の漢代壁画甎墓—』, 모리 슈森修·나이토 간内藤寛(쇼와 9년 10월)

제5책 『동경성—발해국 상경 용천부 유적의 발굴 조사東京城—渤海国上京龍泉府址の発掘調査—』, 하라다 요시토(쇼와 14년 3월)

제6책 『적봉 홍산후—열하성 적봉 홍산후 선사 유적赤峰紅山後—熱河省赤峰紅山後先史遺跡—』, 하마다 고사쿠·미즈노 세이이치水野清一(쇼와 13년 9월)

(을종乙種)

제1책 『내몽고·장성 지대—몽고 세석기문화·수원 청동기 및 중국 북강 승석문토기 유적内蒙古·長城地帯—蒙古細石器文化·綏遠青銅器及支那北彊縄席

文士器遺蹟一』, 에가미 나미오江上波夫·미즈노 세이이치(쇼와 10년 4월)

제2책『상도—몽고 도론노르의 원대 도읍 유적의 조사上都—蒙古ドロンノールに於ける元代都址の調査—』, 하라다 요시토·고마이 가즈치카(쇼와 16년 11월)

제3책『양두와—관동주 여순 구만의 선사 유적羊頭窪—関東州旅順鳩湾内における先史遺蹟—』, 가나세키 다케오金関丈夫·미야케 무네요시三宅宗悦·미즈노 세이이치(쇼와 18년 3월)

제4책『몽고고원 전편—석림곽이·오란찰포의 지질·고생물·인류 조사蒙古高原前篇—錫林郭爾·烏蘭察布に於ける地質·古生物·人類の調査—』, 나오라 노부오直良信夫·아카보리 에이조赤堀英三 외(쇼와 18년 6월)

제5책『만안 북사성—몽강 만안현 북사성 및 회안 한묘万安北沙城—蒙疆万安県北沙城及び懐安漢墓—』, 미즈노 세이이치·오카자키 우이치岡崎卯一(쇼와 21년 12월)

제6책『대마—현해의 절도, 대마의 고고학적 조사対馬—玄海における絶島, 対馬の考古学的調査—』, 미즈노 세이이치·히구치 다카야스樋口隆康·오카자키 다카시岡崎敬(쇼와 28년 1월)

제7책『감단—전국시대 조도성지의 발굴邯鄲—戦国時代趙都城址の発掘—』, 고마이 가즈치카·세키노 다케시(쇼와 29년 3월)

제8책『양고 고성보—중국 산서성 양고현 고성보 한묘陽高古城堡—中国山西省陽高県古城堡漢墓—』, 오노 가쓰토시小野勝年·히비노 다케오日比野丈夫(헤이세이 2년 7월)

동아고고학회의 창설

쇼와 2년(1927) 3월 26일, 도쿄 제국대학에서 동아고고학회 발회식과 동방고고학협회의 제2회 총회가 함께 거행되었다. 동아고고학회의 창설 목적은 "동아 제방에서의 고고학적 연구 조사"('동아고고학회 회칙' 제2조)였는데, 그 "목적을 수행하기 위해 본회는 같은 목적을 가진 다른 기관과 협동 연맹할 수 있다"(제3조)고 회칙에 나와 있다. 동아고고학회 창립자의 한 사람이었던 하마다 고사쿠는 "우리 동아고고학회는 동아 제방의 고고학적 연구를 촉진시키고 그와 더불어 각국, 특히 이웃나라인 중화민국 고고학계와 사이좋게 우의를 나누고 지식을 교환하는 데 목적을 두고 있다"(『동방고고학 총간』 갑종 제1책 『비자와』, 「서언」)고 말한다. 회칙 제3조에 나오는 협동 기관은 마헝馬衡(마형)이 주도한 베이징대학고고학회北京大学考古学会를 의미한다.

여기에서 동아고고학회와 제휴한 베이징대학고고학회는 중요한 역할을 한다. 동아고고학회와 베이징대학고고학회가 협력해 '동방고고학협회'를 결성했기 때문이다. 아니, 베이징대학고고학회와 제휴해 협동 조사를 실시할 일본 측 기관으로 조직된 것이 동아고고학회였다.

동아고고학회의 경비는 "기부금으로 충당한다"(회칙 제10조)고 되어 있다. 물론 회원에 관한 규정도 있다. "새롭게 본회 회원이 되고자 하는 자는 기존 회원의 추천을 받고 위원회의 동의를 얻어 결정한다"(회칙 제4조)고 되어 있는데, 그 외에 "본회의 취지에 찬성하고 일금 오백 원 이상을 기부하는 자를 찬조 회원으로 한다"는 내용으로 회원과 찬조 회원을 구분하고 있다.

이렇게 규정되어 있는 동아고고학회의 회칙과 그 활동에 관련한 '기부금'에 대해서는 지금까지 잘 알려져 있지 않았다. 그래서 회칙 전문을 다음과 같이 제시해둔다.

동아고고학회 회칙

제1조 본회는 동아고고학회라고 이름한다.

제2조 본회는 동아 제방에서의 고고학적 연구 조사를 목적으로 한다.

제3조 전조의 목적을 수행하기 위해 본회는 같은 목적을 가진 다른 기관과 협동 연맹할 수 있다.

제4조 새롭게 본회 회원이 되고자 하는 자는 기존 회원의 추천을 받고 위원회의 동의를 얻어 결정한다.

　　　본회의 취지에 찬성하고 일금 오백 원 이상을 기부하는 자를 찬조 회원으로 한다.

제5조 본회는 적당한 장소에 연구실을 두고 회원의 편의를 위해 필요한 각종 설비를 제공한다. 다만 회원의 소개가 있는 경우에는 비회원에게도 마찬가지의 편의를 제공할 수 있다.

제6조 본회는 연구 조사의 결과를 일본어와 중국어, 기타 서양어로 보고하고 학회에서 널리 발표한다.

본회의 조사로 얻은 자료는 그 조사지가 속한 나라에 둔다.

제7조 본회는 다음의 임원을 둔다.

> 회장 1명
>
> 위원 약간
>
> 간사 약간
>
> 다만 위원 중 몇 명을 상무위원으로 삼는다.

제8조 회장은 본회를 대표하여 업무를 총괄하고, 위원은 본회의 연구 조사에 관한 사무를, 간사는 서무 회계를 처리한다.

제9조 회원 총회는 매년 1회, 편리한 지역을 정해 열고 위원회는 수시로 개최한다.

제10조 본회의 경비는 기부금으로 충당한다.

부칙

1. 창립 시의 위원을 발기인으로 삼는다.
2. 본회와의 연락은 당분간 도쿄 시외 이케부쿠로東京市外池袋 501번지 본회 (임시)사무소로 한다.
3. 본회 연구실은 우선 중화민국 베이핑(베이징)에 둔다.

도쿄고고학회 회칙 추가

제7조 제1항 제2행에 '회장 1명' 추가

제8조 제1항 제1행에 '회장은 본회를 대표하여 업무를 총괄하고'와

임원 명부에 '회장 후작 호소카와 모리타쓰細川護立' 추가

초기의 활동

외무성 외교 사료관에 소장되어 있는 동아고고학회의 초기 활동에 관한 자료를 찾아낸 것은 고바야시 도모오小林知生였다[「동아고고학회의 초기東亜考古学会初期の頃」,『동아고고학회 회고東亜考古学会懐古』, 쇼와 56년(1981) 7월, 유잔카쿠 출판].

고바야시는『동방고고학 총간』갑종이 복간될 때, 동아고고학회의 발족과 활동에 관해 독자적으로 조사했다.

외무성의 기록(〈출판 조성 관계 잡건出版助成関係雑件〉 H6204-1) 가운데 〈동아고고학회의 사업 개요〉[등사 인쇄, 9페이지, 쇼와 11년(1916)경] 및 〈동아고고학회 회칙〉(쇼와 4년 후반 이후의 것)이 포함되어 있다. 사업 개요에는 "창립, 발굴 및 탐험, 연구원의 양성, 연구 보고 출판, 고고학 논총, 강연, 출판물의 교환 기증, 재정, 국제 학계에서의 지위, 추후의 사업 방침" 등이 기록되어 있다.

또한 〈연구 조성 관계 잡건研究助成関係雑件 H6203 제1~11권〉에는 동아고고학회에 대한 지원금 요청서, 조사지의 치안에 관한 조사국의 배려, 발굴지에서 보낸 서간 등이 포함되어 있다.

이 기록들을 통해 동방고고학협회의 일본 측 학회인 동아고고학회의 실태를 명료하게 파악할 수 있다.

동아고고학회가 보낸 문서를 보면 초기[다이쇼 15년(1926) 8월

~쇼와 4년 중반]에는 "상무위원 하마다 고사쿠, 동 하라다 요시토, 간사 시마무라 고사부로島村孝三郎"명의로 작성되어 있는데, 쇼와 5년 이후에는 "회장 호소카와 모리타쓰"의 이름으로 바뀌어 있다. 이것은 호소카와 회장 취임 이전에는 상무위원이 학회를 대표했다는 것을 보여준다(동아고고학회의 발기인은 핫토리 우노키치服部宇之吉·가노 나오키狩野直喜·이케우치 히로시池內宏·하네다 도루羽田亨였다).

비자와 발굴

동아고고학회가 최초로 실시한 발굴 조사는 '비자와貔子窩[관둥저우關東州(관동주)]였다. 이 조사와 관련해 회칙 제10조의 '기부금'—조성금 요청서가 다이쇼 15년 8월 외무대신 남작 시데하라 기주로幣原喜重郎 앞으로 제출되었다.

비자와 조사 조성금 요청서

일금 일만 원

위는 본년 가을 관동주 비자와 관내에서 중화민국 베이징 대학 고고학 전문가들과 공동으로 패총을 발굴하는 데 필요한 비용으로 별지에 예산서를 첨부한 바, 외무성의 지원하에 본 사업을 달성할 수 있도록 조성금을 요청하오니 특별 심의를 부탁드립니다.

다이쇼 15년 8월

동아고고학회 상무위원 하마다 고사쿠

하라다 요시토

간사　　시마무라 고사부로

외무대신

남작 시데하라 기주로 귀하

제출자는 상무위원 하마다 고사쿠, 하라다 요시토, 간사 시마무라 고사부로였다. 이 '조성금 요청서'는 〈동아고고학회의 사업 개요〉의 '재정' 항목에 나오는 '주로 외무성 문화 사업부의 조성에 의한'이라는 문구에 해당되는 부분이다. '지원금'이 실제로 외무성 문화 사업부에서 지출되었다는 것이 밝혀진 것이다.

동아고고학회 조직이 완성된 것이 다이쇼 14년 가을이고, 동아고고학회와 베이징대학고고학회가 제휴해 발족한 동방고고학협회의 발회가 다이쇼 15년 6월인데, 다이쇼 15년 8월에 지원금을 신청한 것을 보면, 동아고고학회가 서둘러 그 지역에서 발굴 조사를 실시하려고 했다는 것이 분명하다.

비자와(현재의 피쯔워)는 랴오닝성 푸란뎬遼寧省普蘭店(요녕성 보란점) 근처에 있는 유적으로, 단퉈즈单陀子(단타자)라는 이름의 작은 섬과 그 맞은편 해안의 까오리자이高麗寨(고려채)로 불리는 대지 두 곳을 가리키는 이름이다. 전자는 신석기시대의 유적, 후자는 신석기시대~전국戰國·한대漢代에 이르는 유적이라는 것이 밝혀졌다. 이 발굴 작업은 하마다의 지도하에 쇼와 2년 4월 말~5월까지 15일간에 걸쳐 실시되어, "지금까지 새로운 유적에서 시도하지 못했던 정밀하고 보다 완전한 학술적 조사를 수행한 결과, 한층 확실하고 신뢰할 수 있는 자료를 고고학에 제공"(『비자와』, 「결론」)하게 되었다. 일본 측에서는 하마다 외에 하라다·고마키 사네시게小牧実繁·시마다 사다히코·다자와 긴고田沢金吾·미야사카 고지宮坂光次가 참가했고, 베이징 대학에서는 마헝·선젠스沈兼士(심겸사) 그리고 하얼빈박물관의 토르마추프 등이 참여했다.

이 보고서는 『동방고고학 총간』(B4판) 갑종 제1책 『비자와—남만주 벽류하 강변의 선사시대 유적』이라는 제목으로 쇼와 4년 3월에 간행되었다.

동아고고학회는 그후 관둥저우를 중심으로 계속 발굴 조사를 이어나갔다.

연성의 발굴

쇼와 5년 2월 4일자로 작성된 '동아고고학회 회장 호소카와 모리타쓰' 명의의 옌천 유적燕城跡[연성 유적. 허베이성 이현河北省易県(하북성 이현)] 발굴 '조성금 요청서'가 외무대신 시데하라 앞으로 제출되었다. 외무성의 결재 문서에는 "…이번에 베이징대학고고학회와

교수 마헝 씨가 중심이 되어 본년 4월 해방기에 해당 유적을 조직적으로 발굴 조사하려는 기획하에 우리 동아고고학회에 공동 참가를 초빙해온 바, 동회 회장 후작 호소카와 모리타쓰 씨가 이에 참가하기 위해 위의 경비 조성에 관해 별도로 신청해왔는데…"라고 기록되어 있다. 전국시대 연燕의 하도下都 발굴에는 베이징 대학의 마헝 외에 장옌莊嚴(장엄)·창후이常惠(상혜)·윈전룬伝振倫(전진륜)이 참가했고 동아고고학회에서는 하라다 요시토 등이 참가했는데, 주도적인 역할을 한 것은 1928년(중화민국 17년)에 설립된 베이핑연구원北平研究院이었다.

베이핑연구원의 연 성터 발굴에 '조성금'이 '지급'되었다는 것이 결재 문서를 통해 밝혀졌는데, 그것이 가능했던 것은 동방고고학협회의 중화민국 측 협력 기관이었던 베이징대학고고학회의 요청을 동아고고학회가 받아들였기 때문일 것이다. 이렇게 해서 하라다 요시토를 비롯해 고마이 가즈치카·미즈노 세이이치·에가미 나미오가 초빙되어 발굴 현장에 참가한다.

동방고고학협회와 그 활동

동방고고학협회의 설립

동방고고학회협회의 설립과 관련된 내용은 의외로 명확하지 않

은데, 그 과정에 직접적으로 관여한 시마무라 고사부로의 단편적인 추억[「하마다 고사쿠 군을 추억하다浜田耕作君を追想す」,『고고학 논총』제8집, 쇼와 13년(1938) 8월.「동아고고학회의 창립과 관련하여 세이료 박사를 추억하다東亜考古学会の創立に就て青陵博士を追憶す」,『하마다 선생 추도록』]에 따르면 다음과 같다.

다이쇼 15년의 일이다. 하마다 고사쿠와 시마무라는 베이징의 부상관扶桑館에 숙박하며, 육국반점六国飯店에 칩거하고 있던 베이징 대학 연구소장 장멍린蔣夢麟(장몽린)과 중국의 사료에 관해 의견을 교환했다. 일본 측은 이미 다이쇼 14년 가을에 설립 준비를 완료한 동아고고학회의 회칙 "본회의 조사로 얻은 자료는 그 조사지가 속한 나라에 둔다"(제6조) 등에 바탕해, 일중 공동 조사 연구 조직의 결성에 관해 의견을 개진한 상태였다. 당시 중국에서는 미국의 앤드루스 몽골 탐험대의 반출 화물이 문제가 되었고, 스벤 헤딘의 신장新疆(신강) 여행도 화제가 되었다.

장멍린은 하마다의 안에 동의했고, 곧이어 중국 측의 인선이 이루어졌다. 그리고 양측은 〈베이징대학고고학회와 일본고고학회의 잠정협정…〉이라는 '3조'로 구성된 협정에 서명했다. 6월의 일이었다.

위원장에는 차이위안페이蔡元培(채원배)가 추대되었고 중국 측 위원으로는 리쓰광李四光(이사광, 지질)·선젠스(국학)·쉬빙위徐炳栩(서병우, 철학)·주시츠朱希祖(주희조, 사학)·첸위안陳垣(진원, 사학)

이, 간사로 마헝(금석학)이 취임했다.

　　잠정 협정에 볼 수 있듯 중국에서는 베이징대학고고학회가 나섰으나 일본에서는 일본고고학회가 아니라 동아고고학회가 실질적인 역할을 담당했다. 일본 측 위원에 관해서는 자료가 전해지지 않는 듯한데, 하마다와 하라다 요시토, 시마무라가 간사를 담당했다는 것은 확실하다. 그리고 동방고고학협회 간사로는 베이징에 주재하고 있던 고바야시 야스오小林胖生가 취임했다. 협회 위원장인 차이위안페이는 그 당시 상해에 체류하고 있었기 때문에 마헝과 시마무라, 그리고 고바야시가 전적으로 일을 담당했다.

설립 목적

다이쇼 15년 6월, 동방고고학협회는 베이징 대학 제2원에서 제1회 총회를 개최했다.

　　협회는 중화민국의 베이징대학고고학회(고고학 활동을 촉진하기 위해 베이징 대학 연구소 국학 부문에 설립되었다고 한다)와 일본의 동아고고학회(다이쇼 14년 가을에 조직이 완성되었다고 한다)가 제휴해 '동아 제방'에서의 고고학적 연구 조사를 발전시키기 위해 결성되었다. 그리고 "일본과 중국 학회의 협력은 점점 더 긴밀해지고, 그 협동 연구의 결과가 가시화될 경우 동아 양국의 학회뿐 아니라 세계 학회에 공헌할 수 있다는 것은 의심할 수 없는 바이다"(하마다 고사쿠, 「동방고고학협회와 동아고고학회東方考古学協会と東亜考古

学会のこと」, 『민족民族』 제2권 제4호, 쇼와 2년 5월)라고 드높이 외쳤다.

앞에서 설명했듯 동방고고학협회가 설립된 것은 하마다가 시마무라와 베이징 대학 연구소장인 장명린의 동의를 얻어내었기에 가능했던 것으로, 1920년대 후반 다이쇼 말기에 가까워지면서 중국에서 협동 조사를 하기로 이야기가 진전되었던 듯한데, 당초 그 목적은 은허殷墟의 발굴이었던 듯하다.

중앙연구원中央研究院의 둥쭤빈董作賓(동작빈)·리지李濟(이제)가 수행한 조사 내용을 담은 『안양 발굴 보고安陽発掘報告』 제1책이 발간되는 등 은허 발굴은 의욕적으로 진행되었는데, 허난성河南省(하남성) 현지의 반대와 카이펑박물관의 관바이이関百益(관백익)의 또 다른 발굴 조사로 어수선한 상황이었다. 한편 중앙연구원(1927년 설립)보다 1년 늦게 만들어진 베이핑연구원은 베이징 대학과 동아고고학회와 밀접하게 연결되어 있던 허베이성에서 조사를 진행했다. 이러한 상황에서 은허 발굴 대신 관둥저우로 시선을 돌린 듯하다.

총회와 「고고학 논총」

동방고고학협회의 제1회 총회는 설립 기념식의 성격을 띠었고, 제2회 총회는 쇼와 2년 3월 26일에 도쿄 제국대학에서 개최되었다. 그날 동아고고학회의 발회식과 제1회 총회가 열렸는데, 중화민국에서 선젠스(베이징 대학 연구소 국학 부문 주임 교수), 마헝(베이징 대학 교수), 뤄융羅庸(나융, 국립역사박물관 편집 주임)이 참가했다.
제2회 총회 때 강연회가 열렸는데 강연자는 다음과 같다.

『고공기』거제에 대한 연구模製考工記車制述略 ······················뤄융

중국의 청동기시대中国之青銅器時代··마헝

고대 기물에 새겨진 육서 이전의 문자화從古器疑識上推尋六書以前之文字畵 ···선젠스

한대의 회견漢代の絵絹 ································· 하라다 요시토

중국의 고옥기와 일본의 곡옥支那の古玉器と日本の勾玉
·· 하마다 고사쿠

이외에 이케우치 히로시도 강연을 했다.

이 강연의 내용은 쇼와 3년(중화민국 17년, 1928) 7월 『고고학 논총』 1권에 실려, 동아고고학회와 동방고고학협회(대표자 시마무라 고사부로) 명의로 출판되었다.

당시 일본의 고고학 연구자는 동방고고학협회의 활동과 『고고학 논총』 1권의 간행을 어떻게 보았을까. 모리모토 로쿠지森本六爾의 흥미로운 발언을 살펴보자. 모리모토는 이렇게 말한다. "나는 일본 학자가 중국 학자와 제휴해 동방고고학협회를 만들어 시대의 기운과 요구를 담아 최초로 이 책을 출간한 협회의 미래를 축복하고자 한다."(신간 소개 『고고학 논총』, 『고고학 연구考古学研究』 제3년

제1호, 쇼와 4년 6월)

그후 동방고고학협회의 제3회, 제4회 총회가 개최되었고 강연회도 열렸다. 그 내용을 바탕으로 『고고학 논총』 2권이 쇼와 4년 5월에 출판되었다. 수록된 논문은 다음과 같다.

과戈와 극戟에 관한 연구戈戟之硏究 ·················· 마헝
신가량의 비교와 추산新嘉量之校量及推算 ········ 류푸劉复(유복)
텐진 베이장 박물권의 고생물학적 조사 및 고고학적 사업天津北疆博物院の古生物學的調査並に考古學的事業 ··············· E. 리샹E. Licent
원元의 해청패海靑牌에 관하여元の海靑牌に就きて ······· 하네다 도루

동방고고학협회의 발족과 그 전제가 되는 학회 조직으로 설립된 동아고고학회는 쇼와시대 고고학의 방향성을 보여준다.

동아고고학회의 유학생들

동방고고학협회가 발족하면서 일본과 중국 간에 유학생의 교류가 이어졌다.

중국 측의 제1회 유학생은 장옌(후에 타이완고궁박물원장)이었다. 한편 일본 측에서는 고마이 가즈치카가 파견되었다. 쇼와 3년 봄의 일이었다. 이후 일본 측은 고마이에 이어 미즈노 세이이치, 에가미 나미오, 다무라 지쓰조田村実造, 미카미 쓰기오三上次男, 고

바야시 도모오, 아카보리 에이조, 세키노 다케시 등이 연이어 베이징에 파견되었다.[4]

— 4 고마이 가즈치카 박사 기념 수필집인 『낭간琅玕』[쇼와 52년(1977)], 『낭간(보補)』[쇼와 53년(1978)]에 동아고고학회에 관련된 글과 사진이 수록되어 있다. 동대산 위 회의장에서 열린 동아고고학회 발회식·동방고고학협회 제3회 총회(쇼와 2년 3월 26일)를 담은 사진은 귀중한 자료이다. 미즈노 세이이치의 『동아 고고학의 발달東亜考古学の発達』(『고문화 총간古文化叢刊』, 쇼와 23년, 오야시마 출판大八洲出版)은 동아고고학회의 활동 상황을 파악하는 데 필수적인 문헌이다.
에가미 나미오의 『학문의 탐험学問の探検』[쇼와 60년(1985)] 및 『인간 에가미 나미오人間·江上波夫』[헤이세이 4년(1992)]에는 에가미가 주도적인 역할을 했던 동아고고학회의 일 등이 기술되어 있다.
다무라 지쓰조의 「몽고 여행―소련인으로 오해받은 이야기蒙古の旅―ソ連人とまちがえられた話―」(『동아고고학회 회고東亜考古学会懐古』, 쇼와 56년) 및 『경릉 조사 기행慶陵調査紀行』[헤이세이 6년(1994)]에는 동아고고학회 유학생 시대 및 그후의 조사를 둘러싼 일들에 대해 다루고 있다.
미카미 쓰기오의 『춘일초春日抄』[쇼와 63년(1988)]에는 「대륙에서의 4가지 조사大陸での四つの調査」 등 동아고고학회 유학생 시대의 회고록이 실려 있으며, 「동경성과 적봉 조사東京城と赤峰調査」(『동아고고학회 회고』, 쇼와 56년)에는 그때의 일들이 회고되어 있다.
고바야시 도모오의 「동아고고학회의 초기東亜考古学会初期の頃」(『동아고고학회 회고』, 쇼와 56년)는 동아고고학회를 파악하는 데 매우 중요하다.
아카보리 에이조의 「열하대묘―여행의 추억熱河大廟―旅の思い出―」(『동아고고학회 회고』, 쇼와 56년)과 『원인의 발견原人の発見』[가마쿠라센쇼鎌倉選書, 쇼와 33년(1958)]은 동아고고학회 유학생 시대의 회상록과 '과거 이웃 나라에서 배운 것의 메모'이다. 특히 후자는 '베이핑 학파의 선사학北平学派の先史学'이라는 부제를 붙이고 싶어했던 저작이다.
세키노 다케시는 쇼와 14년 5월~16년 4월까지 '외무성 유학생'으로 베이징에서 수학하고 '화베이華北' 각지를 조사했으며, 동아고고학회의 발굴에도 참가했다. 그 성과가 『반와당 연구半瓦当の研究』[쇼와 27년(1952), 이와나미쇼텐岩波書店], 『중국 고고학 연구中国考古学研究』[쇼와 31년

동아고고학회가 파견한 유학생은 도쿄대·교토대 양 제국대학의 "고고학, 고대사학, 인류학 등을 전공하고자 하는 젊은 학자" 중에서 번갈아가며 선정했는데, "베이징을 중심으로 중국의 역사적 환경에 친숙해지는" 것이 목적의 하나였다(야와타 이치로八幡一郞, 「고고학계의 전환기考古学界の転換期」, 『동아고고학회 회고東亜考古学会懷古』, 쇼와 56년).

교토의 하마다 고사쿠, 도쿄의 하라다 요시토 등이 제안한 이 기획은 성공해, 대륙에서 실시되는 고고학적 조사의 '기반'이 되었다.

동아고고학회는 외무성 문화 사업부의 외곽 단체 같은 역할을 하고 있었으므로 학회에서 파견하는 유학생은 단순한 유학생으로 볼 수 없다. 동아고고학회 자체가 '대중국 문화 사업'의 일환으로 운영되었기 때문이다. 이 사업은 의화단사건으로 청조淸朝로부터 받은 배상금으로 진행한 '문화 사업'으로, 동방문화학원東方文化学院(도쿄·교토), 자연과학연구소自然科学研究所(상하이), 인문과학연구소人文科学研究所(베이징)를 설립하고, 농사시험소農事試験所(칭다오)를 경영했다.

동아고고학회의 유학생은 인문과학연구소 도서관장 스기무라 유우조杉村勇造 등의 도움을 받아, 중국 각지를 여행하고 견문

———
(1956), 도쿄대학출판회東京大学出版会]에 수록되어 있다.

을 넓혔다. 그러한 견문 여행 가운데 특히 학계의 주목을 받은 것은 쇼와 5년의 에가미 나미오·미즈노 세이이치의 '내몽고 및 장성 지대' 조사, 쇼와 6년(1931)의 에가미·아카보리 에이조(동아고고학회 몽고 조사반)의 '내몽고[시린궈러錫林郭爾(석림곽이), 우란차부烏蘭察布(오란찰포)]' 조사, 쇼와 7~9년(1932~1934) 미즈노·고마이 가즈치카·미카미 쓰기오의 '북만北滿' 조사, 쇼와 15년, 16년(1941) 세키노 다케시의 '제나라의 수도 임치臨淄' 조사이다.[5]

1~2년간 유학을 다녀온 유학생들은 그간의 연구 성과를 바탕으로 동아고고학회의 조사와 연구[6]에 적극적으로 관여했다.

---

5 에가미 나미오·미즈노 세이이치, 『내몽고·장성 지대—몽고 세석기문화·수원 청동기 및 중국 북강 승석문토기 유적』(『동방고고학 총간』 을종 제1책, 쇼와 10년(1935)]
  동아고고학회 몽고 조사반, 『몽고고원 횡단기蒙古高原橫斷記』(쇼와 12년(1937)], 초판은 쇼와 12년, 새로운 장정의 증정 재판은 쇼와 16년 9월에 간행되었다. 재판의 일러두기에는 "현재 전쟁을 앞두고 시국이 중대한데, 우리나라 사람들의 동아에 관한 정상적인 이해가 요구되는 때"라고 쓰여 있다. 학술적인 내용을 담은 본 보고는 『몽고고원 전편』(『동방고고학 총간』 을종 제4책, 쇼와 18년(1943)]으로 발표되었는데, 전편은 '석림곽이·오란찰포에서의 지질·고생물·인류의 조사錫林郭爾·烏蘭察布に於ける地質·古生物·人類の調査'에 관한 것이며 후편은 '고고학에 관한 것考古学に関するもの'이 수록될 예정이었지만 출간되지 못했다.
  미즈노 세이이치·고마이 가즈치카·미카미 쓰기오, 『북만 풍토기北滿風土記』(쇼와 13년, 자우호간코카이座右宝刊行会).
6 고마이 가즈치카와 에가미 나미오가 공동 집필한 『동양 고고학東洋考古学』(『세계역사대계世界歷史大系』 2, 쇼와 9년 5월, 헤이본샤)은 동아고고학회가 유학생을 파견해 거둔 가장 뛰어난 성과 가운데 하나일 것이다. 이 책

베이징의 육국반점과 베이징 대학에서 협회를 발족하는 일을 놓고 일본과 중국이 의견을 교환하고 있을 무렵, 일본에서는 도쿄 제국대학 인류학 교실이 치바현千葉県의 우바야마姥山 패총을 발굴해 석기시대 유적을 조직적으로 조사 연구하기 시작했다.

또한 일본 최초의 『고고학 강좌考古学講座』(다이쇼 15~쇼와 3년, 국사강습회国史講習会, 유잔카쿠 출판)가 배본되기 시작하는 등 다이쇼 고고학의 성과가 결실을 맺고 있었다.

― 은 쇼와 13년 5월에 재판되었는데, 후에 『세계역사대계世界歴史大系』와는 별개로 『동양 고고학東洋考古学』이라는 제목의 단행본으로 간행되어 쇼와 14년 9월에 초판, 쇼와 18년 4월에 6판이 간행되었다. 이 단행본의 내용은 『세계역사대계』와 동일했지만, 에가미·고마이의 『동아 고고학東亜考古学』과 고토 슈이치後藤守一의 『일본 고고학日本考古学』으로 구성되어 있다. 이 단행본은 쇼와 20년대 전반에 'A', 'B'로 분책되어 간행되었다.

고마이의 『동아 고고학東亜考古学』(쇼와 27년) 역시 이런 작업의 연장선상에서 출판되었을 것이다.

민간 고고학의
발흥

1인 고고학 연구소

나오라 노부오와 연구소

다이쇼 15년 1월 1일, 나오라석기시대문화연구소直良石器時代文化研究所에서 곤약판 책 한 권이 간행되었다. 나오라 노부오가 쓴 『하리마노쿠니 아카시군 다루미무라야마다 오토시야마 유적 연구播磨国明石郡垂水村山田大歳山遺蹟の研究』이다. 이 책은 제목 외에 표지 오른쪽 위에 '나오라석기시대문화연구소 제1집—석기시대 일본 연구 제1군 제1호'라는 설명이 쓰여 있다.

저자이자 발행인 및 인쇄인은 도쿄시 시바구 구루마초東京市芝区車町 82번지의 나오라 노부오이고, 발행지는 같은 주소의 나오라석기시대문화연구소다. 국배판에 본문 58페이지, 도판 19매가 실린 책으로 30부가 인쇄되었다고 한다.

나오라석기시대문화연구소는 다이쇼 14년에 아카시시 오쿠라다니 고쓰지明石市大蔵谷小辻 2542-1에 개소되었던 '1인' 연구소였다.

이 연구소와『소보所報』를 다시 소개한 것은 하루나리 히데지春成秀爾이다. 젊은 시절 나오라의 학문에 심취했던 하루나리는 나오라 사망 후 그의 학문 궤적을 정리하고 더 나아가 '아카시원인明石原人' 문제에 몰두했다.

『소보』제1집이 간행된 해 3월에 제2집이, 쇼와 2년 6월에 제3집이 발간되었다. 그리고 쇼와 5년 5월에 제4집, 11월에 제5집, 다음 해인 6년 11월에 제6집이 간행되었는데 7년 3월에 제7집을 끝으로 더는 발간되지 않았다. 발행 부수는 30부(1), 27부(2), 15부(3), 35부(4), 20부(5), 13부(6)로 전해진다.

다이쇼 말년에서 쇼와 초반에 걸쳐 연구소를 만들고 그 연구 성과를『소보』로 간행한 나오라 노부오. 그가『교토 제국대학 문학부 고고학 연구 보고』와『도쿄 제국대학 이학부 인류학 교실 연구 보고東京帝国理学部人類学教室研究報告』를 모델로 삼았다는 것은 쉽게 추측할 수 있다.

『소보』의 발행

다이쇼 말년에서 쇼와 초반에 걸쳐 동·서의 제국대학에서 간행된

두 시리즈에는 교토대의 『이즈모 상대 옥작 유물 연구出雲上代玉作遺物の研究』(『연구 보고』 제10책, 쇼와 2년 3월), 『지쿠젠 스구 사전시대 유적 연구筑前須玖史前時代遺跡の研究』(『연구 보고』 제11책, 쇼와 5년 8월), 『사누키 다카마츠 이와세오야마 석총 연구讚岐高松石清尾山石塚の研究』[『연구 보고』 제12책, 쇼와 8년(1933) 5월], 도쿄대의 『주구 토기의 분류와 그 지리적 분포注口土器ノ分類ト其ノ地理的分布』(『연구 보고』 제4편, 쇼와 2년 11월), 『시모우사 우바야마의 석기시대 유적—패총과 그 패층 아래에서 발견된 주거지下総姥山ニ於ケル石器時代遺跡—貝塚ト其ノ貝層下発見ノ住居址—』(『연구 보고』 제5편, 쇼와 7년 12월)가 있다. 모두 B5판에 콜로타이프 인쇄 도판을 사용한 본문 100페이지 전후의 깔끔한 장정으로 학계를 매료시켰다. 이 시리즈를 발행한 것은 당시 고고학 관련 출판에 몸담고 있었던 도코쇼인과 오카쇼인岡書院 출판사였다. 집필은 교토대와 도쿄대에 소속된 쟁쟁한 학자들이 담당했다.

그런데 일본을 대표하는 교토대와 도쿄대의 고고학 연구에 결연히 도전하겠다며 나오라가 맨주먹으로 1인 연구소에서 『소보』를 발표한 것이다.

『하리마노쿠니 아카시군 다루미무라야마다 오토시야마 유적 연구』(제1집)를 시작으로, 『무사시노쿠니 도요타마군 무사시노무라 이노카시라 지반 유적에서 일괄 출토된 유물에 대해—석기시대 생활에서 인류와 말의 관계武蔵国豊多摩郡武蔵野村井之頭池畔遺跡之一

括遺物について—石器時代に於ける人類と馬の生活的関係—』(제2집), 『나카노미도 사구 유적中ノ御堂砂丘遺跡』(제3집), 『동탁과 석기와 함께 출토된 동촉의 관계銅鐸と石器伴出銅鏃の関係』(제4집), 『산인도에서 발견된 조몬식 토기山陰道発見の縄紋式土器』(제5집), 『일본해 연안에서 발견된 석기 반출 동촉의 연구日本海沿岸に於ける石器伴出銅鏃の研究』(제6집), 『일본 신석기시대의 패총산 패류 연구日本新石器時代貝塚産貝類の研究』(제7집)로 이어졌다.

당초 곤약판이었던 『소보』는 제3집부터 등사판이 되었다. 제1~3집은 국이배판, 제4~6집은 국판, 본문은 7~58페이지, 도판 1~19매로 구성된 『소보』는 동·서 제국대학의 『연구 보고』에 비견할 만한 수준은 아니었다. 하지만 나오라는 "고고학 연구자로 본격적으로 발돋움하려는 결의를 굳혀 자택을 연구소로 칭하고 그곳에서 발행한"(하루나리 히데지, 「나오라 노부오와 오토시야마 유적直良信夫と大歳山遺跡」, 『오토시야마 유적 연구大歳山遺跡の研究』, 쇼와 62년 11월, 신요샤真陽社) 것이었다. 특히 제1집에 정리한 오토시야마 유적 연구는 이 분야의 기초가 되는 문헌으로 학계에 널리 회자되고 있다. 따라서 나오라는 여한은 없을 것이다.

나오라와 일본고대문화학회

혼자 『소보』를 발행하던 나오라는 쇼와 6년 4월 18일 '아카시원인'의 요골腰骨을 아카시시市 니시야기西八木 해안에서 채집했다.[7]

「하리마노쿠니 니시야기 해안 홍적층에서 발견된 인골 유품播磨国西八木海岸洪積層中発見の人類遺品」을 『인류학 잡지人類学雑誌』(제46권 제5·6호)에 발표한 직후의 일이었다.

그는 쇼와 2년에는 모리모토 로쿠지의 고고학연구회考古学研究会에 참가해 건필을 휘두르고, 고고학연구회의 발전적 조직인 도쿄고고학회東京考古学会의 중추 멤버로도 활약했다.

— 7 아카시원인을 발견해 각광을 받은 나오라 노부오의 생애에 대해서는 몇 권의 전기 등이 발표되어 있다.
① 『학문에 대한 열정—'아카시원인' 발견 50주년学問への情熱—'明石原人'発見から五十年—』(쇼와 56년 10월, 고세이출판사佼成出版社)은 지은이가 나오라로 되어 있지만 와타나베 마코토渡辺誠가 집필한 책이다. "연구자로서의 나오라 노부오를 그리고 있다."(나오라)
② 『아카시원인의 발견—듣고 쓴 나오라 노부오전明石原人の発見—聞き書き直良信夫伝—』(쇼와 52년 9월, 아사히 신문사朝日新聞社)는 다카하시 도루高橋徹가 나오라 본인에게 "듣고 쓴" 내용을 집필한 것이다.
③ 『이루지 못한 꿈, '아카시원인'—고고학자 나오라 노부오의 생애見果てぬ夢 '明石原人'—考古学者直良信夫の生涯—』[헤이세이 7년(1995) 12월, 시사통신사時事通信社]는 나오라 미키코直良三樹子(나오라의 장녀)가 썼다.
④ 『나오라 노부오와 고고학 연구直良信夫と考古学研究』(헤이세이 원년 10월, 요시카와코분칸). 나오라의 제자 가운데 한 사람인 스기야마 히로히사杉山博久가 나오라의 업적을 논한 책이다.
⑤ 『아카시원인은 무엇이었까'明石原人'とは何であったか』(헤이세이 6년 11월, 일본방송출판협회日本放送出版協会), '아카시원인'에 각별한 애착을 가졌고 젊은 날에 나오라의 학문에 경도되었던 하루나리 히데지가 정리한 '아카시원인'의 모든 것이 담겨 있다.
⑥ 「돌뼈石の骨」[『별책 문예춘추別冊文芸春秋』 48, 쇼와 30년(1955)], 마쓰모토 세이초松本清張가 나오라를 모델로 삼아 쓴 단편소설(『어느 '고쿠라' 일기전ある'小倉日記'伝』 수록, 쇼와 33년 12월, 가도카와분코角川文庫).

그리고 쇼와 7년 11월에는 도쿄도 나카노구 에코다東京都中野區江古田로 거처를 옮기고 연구 활동을 전개했다.

'1인 연구소'에서 학계에 등장한 나오라의 연구 활동은 결코 순탄하지 않았다. 쇼와 16년, 도쿄고고학회는 고고학연구회·중부고고학회中部考古学会와 합병해 일본고대문화학회日本古代文化学会가 되었다. 일본 고고학계의 재야 세력이 협력해 결성한 일본고대문화학회는 '대동아공영권 구상'에 공감하는 핵심 멤버들에 의해 운영되었는데, 그 안에 나오라가 들어간 것이다.

고고학연구회에서 도쿄고고학회로

도쿄 제실박물관과 네기시 학파

쇼와 2년 7월, 고고학연구회에서 『고고학 연구』 제1집을 간행했다. 편집자는 모리모토 로쿠지, 발행처는 시카이쇼보四海書房다.

고고학연구회는 모리모토와 쓰보이 료헤이坪井良平 주도하에 미와 젠노스케三輪善之助·가야모토 가메지로榧本亀次郎 등이 조직한 민간의 고고학 연구 모임이었다. 그런 연구회가 국판 80페이지의 회지를 간행할 수 있었던 것은 쓰보이의 노력과 시카이쇼보의 협력 덕분이었는데, 그것이 실현되도록 추진한 것이 모리모토였다.

모리모토는 이미 『고고학 잡지考古学雜誌』에 논문을 발표한 적이 있었고, 어떻게든 자신들의 잡지를 발행하고 싶어했다. 나라奈良에서 상경한 모리모토는 도쿄 제실박물관의 다카하시 겐지高橋健自의 도움을 받아, 그의 소개로 도쿄 고등사범학교의 교장 미야케 요네키치三宅米吉와 가까워졌고 미야케의 소개로 시카이쇼보와 친분을 쌓은 결과 결국 『고고학 연구』를 발행할 수 있었다.

『고고학 잡지』를 발행한 고고학회는 도쿄 제실박물관과 밀접한 관계에 있었는데, 당시 다카하시가 그 중심에 있었다. 당시 박물관의 역사과장으로 근무하던 다카하시는 고고학회 사무소를 자택(도쿄시 시타야구 우에네기시초下谷区上根岸町)에 두었다. 그 무렵 『고고학 잡지』에는 전국의 신문에 보도된 고고학 관계 기사를 소개하는 '신문의 의견新聞所見'이라는 난이 있었다. 월간지인 『고고학 잡지』에 게재된 이 난은 독자에게 신선한 정보원이 되었다.

『고고학 잡지』는 월간지였지만 편집은 수시로 이루어졌는데, 그 장소는 네기시에 있는 다카하시의 자택이었다. 그래서 누구라고 할 것 없이 다들 그곳에 모인 사람들을 '네기시 학파根岸学派'라고 부르게 되었다.

당시 고고학회 회장은 미야케 요네키치였고, 평의원에는 이토 주타伊東忠太·이마이즈미 유사쿠今泉雄作·이리타 세이조入田整三·오시마 요시나가大島義脩·구로이타 가쓰미黒板勝美·고토 슈이치·시바타 조에柴田常恵·시모무라 미요키치下村三四吉·세키 야스노스케関保之助·세키노 다다시関野貞·다카하시 겐지·쓰카모토 야스시塚本靖·쓰다 노리타케津田敬武·쓰보이 구메조坪井九馬三·도리이 류조鳥居龍蔵·누마타 라이스케沼田頼輔·하라다 요시토·하마다 고사쿠·마사키 나오히코正木直彦·미조구치 레이지로溝口礼次郎·야스이 세이이치谷井済一·야나기다 구니오柳田国男가 이름을 올렸다. 간사로는 다카하시 겐지·이리타 세이조·고토 슈이치·이시다 모사쿠石田茂作·다카하시 이사무高橋勇가 활동했다.

회칙에 "본회는 동지가 서로 모여 고고학 연구에 종사하기 위한 것으로, 주로 유물 유적을 그 대상으로 삼아 고대의 풍속·제도·문물·기능을 밝히는 데 있다"고 나와 있듯이, 그들은 "고대의 풍속·제도·문물·기능"에 관심을 두고 있었다. 월례회에서도 그 의도에 맞추어 풍속사·유식고실有識故実*·건축사 분야에 대한 발표가 많았다. 또한 매년 총회를 개최할 때 소장가의 '고고학 자료 전시회考古資料展観'를 열고 공개 강연회(2명)를 가진 후 업무 보고, 강연 그리고 만찬회를 여는 것이 통상적인 식순이었다.

그 모임은 전통적인, 일종의 동료 의식이 바탕이 된 친목회 성격이 강해서 강연·연설을 둘러싼 논의 등에 외부인들의 의견이 반영되지 않았던 듯하다.

한편 인류학회도 도쿄 제국대학 인류학 교실의 동창을 중심으로 하는 경향이 짙어, 외부인들은 무언가 받아들이기 어려운 분

—— • 옛날부터 내려오는 법령, 제도, 관직, 의례 등에 관한 연구.

위기가 있었다고 한다.

모리모토 로쿠지와 고고학연구회

진지하게 고고학에 몰두하고 싶어한 모리모토 로쿠지는 기존의 학회와 친숙해지는 데 저항감이 있었고, 그에 더해 자유롭게 논문을 발표하는 '장'을 원했다.

따라서 고고학연구회를 발족하고 『고고학 연구』를 발행하는 것이야말로 자신의 욕구를 충족시키고 다음 단계로 나아가기 위해 필요불가결한 것이었다. 모리모토는 「발간사」에서 이렇게 포부를 밝혔다.

드디어 일본에 고고학의 시대가 도래했다. 고고학이 호사가와 풍류가의 손을 떠나, 일반에게 독자적인 과학으로 인식되는 시대가 찾아온 것이다. 이렇게 말하는 데는 충분한 근거가 있다.

유럽 문명의 정체停滯는 각국 학자들이 새로운 빛을 동방에서 찾고자 하는 결과를 가져왔으며, 이에 동양 문화의 본질을 탐구하기 위해 동양 고고학을 중요시하는 풍조가 팽배해졌다. 또한 다른 측면, 즉 물질문화가 초래한 번잡한 사회조직과 인류를 기계화하는 경향은 동서양을 막론하고 반동적이고 필연적으로 개인의 회고적 감정을 앙양하여, 미술과 고고학의 연구가 벌판의 불길처럼 크게 일어났다. 이 두 가지 경향은 특히 1차 대전 후에 현저했다. 꼭 이집트

투탕카멘의 왕묘 발굴이나 중국의 채색토기 발견 내지는 조선 낙랑의 한대 유물 출토만이 최근의 고고학 유행을 자극한 것은 아니다. 아무튼 고고학의 세계적 유행이 역사학에 공헌하는 부분이 지대하다는 것은 충분히 생각할 수 있다. 중국에서 채색토기가 발견된 것만 보아도, 중국문명의 연원에 대해 일찍이 리히트호펜F. von Richthofen, 라쿠페리Terrien de Lacouperie 및 포어C. J. Pore 등 여러 사람이 제시한 서방기원설에 상당히 유력한 새로운 증거를 더해주는 것이다. 그렇다면 중국고고학의 그러한 진보와 발전이 자연히 중국과 깊은 관계에 있는 일본에 아무 영향도 미치지 않을 수는 없다.

반대로 일본의 입장에서 고고학의 계속되는 진보는, 예를 들면 높은 산을 등반하듯 아주 조금씩 그 지반을 쌓아가는 것인 동시에 한 걸음 한 걸음 더 그 시계에 들어오는 인적미답의 고산이 끝없이 계속 전개되는 것이다. 석기시대나 청동기시대의 중요한 문제는 거의 미개척 상태로 남겨져 있다고 해도 좋을 것이다. 더욱이 역사시대와 관련해서도 장래에 써야 할 문화사의 기초는 당연히 고고학 위에 세워져야 하는 형국인데, 그 광대한 평야는 거의 미해결 상태로 방치되어 있다.

고고학이 가진 희망은 원대하나 그 앞길은 다난하다. 그러나 위대하고 다난하기에 금후의 연구를 눈여겨보게 되고 기대를 품게 된다. 그 기대와 관심에 다가설 수 있는 길은 오직 부단한 연구밖에 없다.

호학好學 풍조는 연구를 자극한다. 정말로 고고학을 사랑하고, 그것의 발전을 원하는 사람이 한 사람이라도 늘어나는 것은 고고학에 뜻을 가진 사람으로서 한순간도 잊을 수 없는 염원이다. 이에 『고고학 연구』를 강호에 내놓는다. 발간 목적은 두 가지이다. 하나는 학계에 연구 발표 기관을 늘려 조금이라도 고고학의 진운進運에 공헌하는 것과, 또 하나는 이러한 종류의 정기간행물을 통해 호학 풍조를 일으켜 간접적으로 연구를 자극하는 것이다.

이 목적이 달성될 것인지 아닌지는 고고학에 흥미를 가진 여러분의 호의적인 관심에 전적으로 달려 있다. 부디 여러분의 협조를 부탁드린다.

『고고학 연구』는 그후 7권이 간행되고 중단되었다. 7권(제3년 제1호)이 발행된 것은 쇼와 4년 6월이다.

그해 10월 19일에 다카하시 겐지, 11월 11일에 미야케 요네키치가 연이어 사망했다. 두 스승의 죽음은 모리모토가 어쩔 수 없이 자신만의 길을 걷기 시작하는 계기가 되었다.

쇼와 4년 3월 오야마 가시와大山柏가 주재하는 사전학회史前学会는 『사전학 잡지史前学雑誌』 창간호를 간행했다. 『고고학 연구』의 정간과 『사전학 잡지』의 창간은 쇼와 4년도 재야 고고학계의 큰 사건이었다.

모리모토는 운영이 어려웠던 고고학연구회를 중심으로 새로운 조직 만들기에 나섰다. 그리고 시카이쇼보, 닛토쇼인日東書院으로 출판사가 바뀐 『고고학 연구』를 대신할 새로운 잡지를 창간하기로 마음먹었다.

당시 고고학 분야의 대표적인 잡지는 고고학회의 『고고학 잡지』, 도쿄인류학회의 『인류학 잡지』였다. 『사전학 잡지』의 창간으로 위의 두 잡지에 하나가 추가되었다.

도쿄고고학회로

쇼와 4년 후반, 모리모토 로쿠지는 고고학연구회를 대신해 도쿄고고학회를 키우고, 『고고학 연구』를 대신해 『고고학考古学』을 간행할 계획을 세웠다. 『고고학』은 나카야 지우지로中谷治宇二郎가 소개한 오카쇼인에서 발행하기로 결정했다. 그는 오카쇼인과는 이미 『센류무라 쇼군츠카 연구川柳村将軍塚の研究』(쇼와 4년 2월)와 『일본 청동기시대 지명표日本青銅器時代地名表』(쇼와 4년 6월)의 출판으로 관계를 맺고 있었다.

쇼와 5년 1월, 도쿄고고학회는 『고고학』 제1권 제1호를 발행했다. 도쿄고고학회의 동인으로는 고고학연구회 멤버였던 모리모토·쓰보이·미와 그리고 다니키 고노스케谷木光之助 외에, 이시노 아키라石野瑛·우에하라 준上原準·오바 이와오大場磐雄·도쿠토미 다케오徳富武雄·나카야 지우지로·야와타 이치로가 새로 합류했다.

『고고학』은 B5판의 세로쓰기, 68페이지 체제로 시작했다. 편집인 겸 발행인은 다니키 고노스케였지만, 모리모토가 전부 장악하고 있었다는 것은 말할 필요도 없다.

도쿄고고학회 창설과 관련해, "지금까지 일본 고고학이 걸어온 길을 뒤돌아보고, 앞으로 나아갈 길을 생각해보는 것이 적어도 전환기에 놓인 우리나라 고고학에 필요한, 그리고 해야 하는 일이라고 생각한다. 또한 젊은 사람들의 자유로운 발표 기관을 만들고 그 학문의 새로운 방향으로 나아가기 위해 우리 도쿄고고학회가 태어났다"(『고고학』 제1권 제2호 「회보會報」)고 당당히 밝히는데, 모리모토의 심경이 솔직히 드러난 것이라고 해야 할 것이다.

모리모토가 『고고학』을 학계의 핵심 잡지로 만들려고 노력한 것은 논문·보고·서평·동향뿐만 아니라 학계 소식을 전하는 데 힘을 기울인 것에서도 잘 나타나 있다. 『고고학』에서는 관학자뿐만 아니라 재야 연구자의 소식도 다루었다.

또한 야마노우치 스가오 山内清男가 『사전학 잡지』(제1권 제2호, 쇼와 4년 5월)에 논문(「관동 북부의 섬유 토기 関東北に於ける繊維土器」)을 발표하자, 바로 『고고학』(제1권 제3호, 쇼와 5년 3월)에도 논문(「소위 가메가오카식 토기의 분포와 조몬식 토기의 종말 所謂亀ヶ岡式土器の分布と縄紋式土器の終末」)을 게재한 것 역시 그 노력의 하나라고 할 것이다.

그후 모리모토는 연구 활동차 유럽에 다녀온 후 『고고학』 제6권까지 편집을 담당하다 쇼와 11년 1월 22일에 사망한다. 이사이 '만주사변'이 일어나고 '만주국'의 건국 선언, '국제연맹' 탈퇴 등 일본을 둘러싼 국제환경은 격변했지만 그에 대한 기사는 전혀 찾아볼 수 없었다. 그는 오직 고고학 한길만 걸은 인물이었다.

모리모토 사후, 쓰보이 료헤이와 후지모리 에이이치藤森栄一 등이 편집과 발행을 이어받아 제7권(쇼와 11년)부터 제11권(쇼와 15년)까지 펴냈다.

'고고학'과 '외지' 고고학

도쿄고고학회가 '내지'의 고고학에만 눈을 돌렸는가 하면 결코 그렇지 않다. 하마다 세이료의 「열하 적봉 유기熱河赤峰遊記」(『고고학』 제6권 제8호, 쇼와 10년 8월)를 게재하고, 「김해 패총의 새로운 발견金海貝塚の新発見」(『고고학』 제6권 제2호, 쇼와 10년 2월)을 소개하고, 하마다 고사쿠·하라다 요시토·시마무라 고사부로·에가미 나미오·고마이 가즈치카·미카미 쓰기오·야와타 이치로·고노 이사무甲野勇와 모리모토 등이 '동아 고고학 좌담회東亜考古学の座談会(『고고학』 제6권 제3·4·5호, 쇼와 10년 3·4·5월)를 개최한 것은 미즈노 세이이치의 「만몽 신석기시대 요론満蒙新石器時代要論」(『고고학』 제5권 제8호 대책代冊, 쇼와 10년 2월)을 게재한 데에서도 알 수 있듯 '외지' 고고학의 상황에 무관심하지 않았다는 것을 보여준다.

쇼와 11년에 들어와 '조선호朝鮮号'(『고고학』 7권 6호, 6월)를 특집으로, 로베르트 하이네겔데른Robert von Heine-Geldern의 「인도네시아에서의 고고학적 조사インドネシアに於ける考古学的調査」(쓰보이 료헤이 역, 『고고학』 제7권 제10호, 쇼와 11년 12월)을 소개하고, 쇼와 12년에는 가야모토 가메지로·미즈노 세이이치·고바야시 유키오小林行雄·시치다 다다시七田忠志와 쓰보이 료헤이가 공저한「만선의 문화를 이야기하다―가야모토·미즈노 양 씨에게 이야기를 듣는 모임滿鮮の文化を語る―榧本·水野両氏に物を聞く会―」(『고고학』제8권 제2호, 2월)를 게재하는데, 8월의「편집자로부터」에는 "북지北支의 사태가 급변해 긴장의 정도가 더해지고, 국민이 주시하는 눈은 모두 한곳에 집중되어 있다. 북지의 정세에 다대한 관심을 가질 수밖에 없는 이유가 어디에 있는지는 말하지 않아도 명백할 것이다"라는 시국과 관련한 문장이 쓰여 있다. 쇼와 12년 7월 7일, 노구교에서 일본과 중국 양군이 충돌해 중일전쟁이 시작된 것이다.

쇼와 13년에는 미즈노 세이이치의「운강 여신雲崗旅信」(『고고학』제9권 제7호, 7월),「대동 통신大同通信」(『고고학』제9권 8·9호, 8·9월), 가야모토 가메오榧本亀生의「낙랑 근황楽浪近況」(『고고학』제9권 제9호, 9월)이 연이어 게재되며 '외지'의 상황이 보고되었다. 다음 해인 쇼와 14년 1월 8일 도쿄고고학회 제1회 총회가 개최되었다. 연구 발표·특별 강연회·도쿄 제실박물관 견학이 이루어졌으며, 특히 회무 협의에서 "현재 사변에 출정한 회원의 회비 면제"가 가결된 것이 눈에 띈다.

그리고 "신동아의 여명은 동시에 고고학에서도 새로운 동아학의 각성이어야만" 한다고 주장하며, "우리들은 지금이야말로 전력을 다해 유능한 연구진을 대륙에 보내지 않으면 안 된다"고 의견을 피력하고 있다(「편집자로부터」, 『고고학』 제10권 제5호, 쇼와 14년 5월). 쇼와 15년 1월 「회고會告」에는 다음의 글이 발표되었다(『고고학』 제11권 제1호).

> 여기 빛나는 기원 이천육백년의 봄을 맞이하여 국민 모두 건국의 유원한 역사를 생각하고 새로운 역사의 실천으로 나아가자는 결의를 불태우는 때, 우리들 또한 도쿄고고학회를 만들고 10년의 학문적 성과를 쌓아올려, 창립 이래 끊이지 않는 지도와 지원을 주신 제현과 함께 만 10주년의 기쁨을 더하는 영광을 가지게 되었다.
> 현재 흥아 건설興亞建設의 때를 맞아 고고학에 주어진 대일본 여명의 문화를 천명하는 임무의 중대함을 생각하여 본회는 더욱 만전을 다해 그 사명을 달성하기 위해 노력할 것이다.

사전학연구소와 사전학회

오야마 가시와와 사전학연구소

오야마사전학연구소大山史前学研究所는 오야마 가시와 개인의 사전연구실이 전신인 사설 연구소이며, 사전학회는 사전연구실에 있던 사전연구회를 발전시켜 오야마사전학연구소(도쿄 아오야마 온덴 青山穏田—지금의 시부야구 진구마에 5초메渋谷区神宮前五丁目)에 설립한 학회였다.

　오야마는 메이지의 공신인 오야마 이와오大山巖의 차남으로, 육군사관학교에 진학했다가 오야마가大山家의 가독家督을 이어받아 공작이 되어 귀족원 의원이 되었다. 유년 학교 시절에 나카자와 스미오中沢澄男의 '유사 이전有史以前' 강연을 듣고 유물에 관심을 가졌고, 육군사관학교 시절에는 '측량 연습'(야외 – 시즈오카현 아시타카 산록静岡県愛鷹山麓) 때 고분을 견학하면서 고대의 유적·유물에 관심을 갖게 되었다. 졸업 후 육군대학교 도서실에 근무하며 '야외 연습'(봄·가을) 강좌 때 각지의 유적을 견학하며 점차 더 큰 관심을 가지게 되었다. 그때 도쿄 제국대학 인류학·해부학·지질학 등의 연구실과 교토 제국대학의 고고학·병리학 연구실에 다니며 고고학 관련 분야의 연구자들과 친교를 맺었다. 다이쇼 12년 (1923) 독일에 유학해 '프리드리히 대왕 전쟁사 연구'를 공부했는데, 독일(베를린 대학 고고학 전공 과정)을 시작으로 프랑스와 덴마크 등에서 석기시대에 대해 공부하고 다음 해에 귀국했다. 독일에서는 H. 슈미트Hubert Schmidt, 프랑스에서는 H. 브뢰유Henri Edouard Breuil에게 배우고, 덴마크에서는 C. 톰센Christian Jurgensen Thomsen의 지도를 받았다. 특히 H. 슈미트에게 중석기 연구를 사사했다고 한다. 귀국 후 이미 자택에 개설되어 있던 사전연구실과 사전연구회를 통합해 오야마사전학연구소를 발족하는 동시에 사전학회를 조직했다.

한편 오야마는 쇼와 3년 의원 예비역(소좌)으로 육군을 퇴역하고 같은 해 게이오기주쿠 대학慶応義塾大学 문학부의 전임 강사가 되었다.

오야마사전학연구소는 오야마 소장 외에 고노 이사무와 미야사카 고지가 연구원으로 활동했다. 이 연구소는 야마시나조류연구소山階鳥類研究所(야마시나 요시마로山階芳麿 후작), 도쿠가와임정사연구소德川林政史研究所(도쿠가와 요시치카德川義親 후작)와 함께 당시 화족華族이 사적으로 경영했던 과학 연구소로 알려져 있다.

연구소는 오야마 저택의 한편에 있는 "간소한 목조 단층 건물"에 자리했다. 연구소에는 "오랜 시간에 걸쳐 축적된 토기가 진열장에 정연하게 수납되어 있었다". 그러나 이 토기들은 쇼와 20년 5월 25일 B29의 공습으로, "돈에 구애받지 않고 독일에서 사온 귀중한 고고학 문헌"을 비롯해 내외의 팽대한 고고학 관계 문헌, 슈타인이 보내온 "인도의 지질학 잡지 전부"(『금성의 추억金星の追憶』, 헤이세이 원년, 오토리쇼인鳳書院) 등과 함께 소실되었다.

『사전학 잡지』의 발행

사전학회는 오야마사전학연구소에 있는 회원 조직의 학술 단체였다.

사전학회는 격월간으로 『사전학 잡지』를 발행했는데, 이전에 사전연구회(사전학회)에서 간행되었던 『연구 소보研究小報』와 『팜플렛パンフレット』은 폐간되었다.

『연구 소보』는 제1호인 오야마 가시와의 『가나가와현 하 아라이소무라아자카츠사카 유물 포함지 조사 보고神奈川県下新磯村字勝坂遺物包含地調査報告』(쇼와 2년 4월), 제2호인 고노 이사무의 『사이타마현 가시와자키무라 아자 신후쿠지 패총 조사 보고埼玉県柏崎村字真福寺貝塚調査報告』(쇼와 2년 4월) 등 두 권이 간행되었으며, 제3호 『형태학形態学』(오야마 가시와)은 예고되었지만 간행되지 않았다. 『팜플렛』은 제1호 『사전 연구史前の研究』(오야마 가시와, 쇼와 2년 10월), 제2호 『석기시대의 개요石器時代の概要』(오야마 가시와, 쇼와 2년 11월), 제3호 『미개인의 신체 장식(부록) 일본 석기시대 주민의 신체 장식未開人の身体装飾附日本石器時代住民の身体装飾』(고노 이사무, 쇼와 4년 1월), 제4호 『석기시대 유적 개설石器時代遺跡概説』(오야마 가시와, 쇼와 4년 1월)이 출간되었다. 『연구 소보』는 국판, 『팜플렛』은 사륙판이었다.

『사전학 잡지』는 B5판 세로쓰기의 산뜻한 잡지로 등장했다. 제1권 제1호는 쇼와 4년 3월 15일자로 발행되었다. 오야마 가시와는 「발간사」에서 "사전학은 넓은 의미에서 고고학의 한 분과"이며, "고고학이… 취급하는 범위는 정말로 광대"하고, "사전史前, 원사原史, 유사有史"에 이르는 것이라고 이야기한다. 또한 "본 잡지는… 사전시대 연구를 중심으로 삼으며, 사전문화에 접촉하는 고등문화의 연구에도"이르며, "우리나라를 중심으로 넓은 범위에 이르는 석기시대의 연구를 한다"고 밝힌다. 그리고 "2월 11일의 기원가절紀元佳節"이라는 말로 끝을 맺고 있다. 이해의 사전학회 회원은 308명이었다.

사전학회에는 전문 연구자를 비롯해 일반인들도 회원으로 참가했기 때문에 그 설치 모체인 오야마사전학연구소로 문의가 이어졌다. 전문적인 질문 외에 일본 석기시대의 연대, 민족에 대한 솔직한 질문도 있었던 듯하다.

그에 대한 대응이었는지 오야마는 「사전학 연구와 연대 및 민족 문제史前学研究と年代及び民族問題」(제1권 제4호)를 발표했다. 그는 "사전학은 당시의 사실, 사물에 기반해 사전 문화를 연구하는 과학이다"라며 "민족 문제는 쉽게 다룰 수 없다"고 설명했다. 그러나 질문은 계속되었다. 그래서 그는 「사전학과 우리의 신대史前学と我神代」(제3권 제1호)를 집필했다. 신대 연구와 고고학에 대해서는 "우리의 신대사를 연구하려면 주로 『고사기古事記』, 『일본서기日本書紀』와 그 외의 문헌을 기반으로, 그리고 이들의 기록을 전제로 연구하는 것"이라고 생각해, "신대와 사전학상의 이와 같은 연구에는 직접적인 관계가 생겨나지 않으므로 양자의 상관관계에 대해서는 우리 역시 알 수 없다"고 밝힌다. 그리고 마지막에 이런 의견을 개진하고 끝맺는다.

신대사와 같은 것은 예부터 우리 선조로부터 전승된 우리의 개벽

이야기로, 여기에는 별개의 연구 방식이 있다. 우리가 하는 것은 사전학으로, 실지·실물에 관해 연구하고 있기에 과연 신대와 어느 정도 교섭을 찾을 수 있는지는 아직 알 수 없다. 점차 연구가 진전되면 알 수 있는 시대가 올지 모르겠으나 지금은 보이지 않는다.

오야마 가시와가 쇼와 6년 1월에 쓴 글이다.

그후 오야마는 『사전학 잡지』가 종간(제15권 제1호, 쇼와 18년 5월)될 때까지 이 문제에 대해 다시는 이야기하지 않았다.

오야마는 어디까지나 사전학 연구는 사전학 그 자체를 연구하는 것으로, 민족이나 신대 등의 연구와는 다른 차원을 지향하고 있다는 방침을 고수했다. 그러나 언젠가 연구가 진전되면 그 문제에 대해서도 다룰 수 있을 거라는 의견을 피력한 것이다.

이후 오야마는 패총에서 발굴된 자료를 기반으로 고노 이사무·미야사카 고지·이케가미 게이스케池上啓介 등과 공동으로 간토関東 지방 조몬식 토기의 편년 연구를 실증적으로 수행했다.

석기시대 연구의 추진

그 성과는 오야마 가시와·미야사카 고지·이케가미 게이스케가 쓴 『도쿄만으로 흘러가는 주요 계곡 패총의 조몬식 석기시대의 편년학적 연구 예보東京湾に注ぐ主要渓谷の貝塚に於ける縄紋式石器時代の編年学的研究予報』 제1편(『사전학 잡지』 제3권 제6호 대책, 쇼와 8년 10월)

과 고노 이사무의 「간토 지방 조몬식 석기문화의 변천関東地方に於ける縄紋式石器時代文化の変遷」(『사전학 잡지』 제7권 제3호, 쇼와 10년 5월) 등으로 발표되었다.

한편 오야마는 유럽 석기시대에 대한 풍부한 식견을 바탕으로, 「유럽 석기시대 연구의 개황欧洲石器時代研究の概況」(제1권 제3호), 「북유럽의 중석기시대 마글레모세 문화 개설北欧に於ける中石器時代マグレモージアン文化概説」(제3권 제2·3호), 「유럽 구석기 편년의 과정欧州旧石器編年の過程」(제4권 제2호), 「일본 구석기문화 존부 연구日本旧石器文化存否研究」(제4권 제5·6호 대책), 「직전촉直剪鏃*」(제8권 제2호), 「사전 거석 건조물史前巨石建造物」(제13권 제1·2호) 등을 집필해, 일본의 석기시대 연구자에게 도움을 주었다.

『사전학 잡지』에는 오야마사전학연구소에 관계된 사람들 외에도 많은 연구자가 논문을 기고해 일본의 고고학, 특히 석기시대 연구를 이끌어나갔다.

그중에서도 야마노우치 스가오의 「간토 북부의 섬유 토기関東北に於ける繊維土器」(제1권 제2호), 「사행승문에 관한 두세 가지의 관찰斜行縄紋に関する二三の観察」(제2권 제3호), 오바 이와오의 「일본 상대의 동굴 유적本邦上代の洞窟遺跡」(제6권 제3호)은 각각의 분야에서 중요한 논문으로 인용되었다. 또한 특수한 연구로 도키(사카즈메) 나

──• 화살촉 가운데 끝이 편평하게 되어 있는 촉.

카오土岐(酒詰)仲男의「간토 지방의 꼬막 방사 조수와 패총 패층 신구 관계에 대하여関東地方に於けるハヒガヒ放射肋数と貝塚貝層新旧の関係に就いて」(제6권제6호), 스즈키 히사시鈴木尚의「도쿄만을 둘러싼 주요 패총 '대합'의 형태적 변화를 통해 본 석기시대의 편년학적 연구東京湾を繞る主要貝塚に於ける'はまぐり'の形態的変化に依る石器時代の編年学的研究」(제7권 제2호)와 같은 의욕적인 논문 발표의 장이 되었다.

오야마의 '북지 조사 기행'

쇼와 13년 5월~6월에 게이오기주쿠대는 '중국 대륙 학술 여행대支那大陸学術旅行隊'를 '북지'와 '중지中支'에 파견했다. '북지'를 담당한 오야마는「북지 조사행北支調査行」을 연재했다. (『사전학 잡지』, 제10권 제4·5·6호). 이 기행문은 당시의 '북지' 순회지 광경 또한 생생하게 보여주고 있어 흥미로운데, '점령' 직후 이 지역에서 2개월여에 걸쳐 이루어진 조사 여행의 휴대품 리스트가 게재되어 있는 것이 눈에 띈다.

1. ◎일장기(대형 및 회중 휴대용 함께)(×게이오기주쿠 깃발)
2. 발굴 용구 ◎(1) 대나무 칼(대소 예비 합쳐 약 40본), ◎(2) 흙손(식물 채집용을 응용), ○(3) 탐침봉(스틱 선단에 장착, 금속제), ◎이것을 흙손 대용으로 사용하면 매우 유효, ◎(4) 소형 괭이(원예용을 이용), ○(5) 소형 휴대용 삽(캠프용을 이용) 너무 작은 것은 효과 불

충분, ○(6) 석착과 망치(단단한 흙 속의 유물 발굴에 이용), (7) 흙받기(양철제 쓰레받기를 이용), ○(8) 장갑(예비 포함 한 다스), (9) 채집봉투(대소 합쳐서 백 개에 약간 못 미침), (10) 잡품 ①○잭나이프, ×접이식 톱, 접이식 낫, 원예용 가위, ② 명찰, 붓과 먹물, 백묵, 확대경, 카드, ③○유물 봉투, ○뚜껑 달린 시험관, 솜, 끈, ○귀중품 수납상자(샌드위치 케이스를 이용), (11) 부족품 ① 소형 삽. ② 곡괭이, ③ 쇠 주걱(단단한 흙 발굴에 필요)

3. 측량 관측 용구 ◎(1) 줄자 및 접이식 자, ◎(2) 자석(간이 앨리데이드), 수준기, 크로노미터, (3) 청우계, ×풍속계, ○한온계, ◎(4) 휴대 도판 및 방안지, (5) 부족품 ① 삼각측판 ② 스타디아

4. 촬영기 및 ◎소형 사진기

5. 배낭 세트(주로 현지 휴대) ◎구급상자(위장약 부족 7, ◎크레오소트환), (2) 예비 식량(육군용 휴대식량) 및 물컵 (3) 회중전등은 캠프등(숙소에서만 필요), ◎(4) 방수 외투 및 먼지막이 안경, (5) 수건 및 소형 비누

6. 일상생활품(주로 숙소용) (1) 식기 ○젓가락, ○캠프용 양식기 세트, ○금속제 작은 접시, ○캔 따개, ○캠프용 주전자, 종이컵, ×반합 (2) 식품(생략) (3) 생활용품, 세면용품 ◎구두약(스키용), 벌레 퇴치용 가루, 기타

7. 각자 휴대 갈아입을 옷, 기타(생략)

〈비고〉◎가장 필요, ○은 가끔 사용, ×은 불요. 원형 주머니, 수첩

등의 직접 휴대품은 생략. 무기는 나 혼자 권총 휴대.

'북지'반은 오야마 외에 오규 다다시大給尹와 영화 촬영 관계자 3명 등 5명으로 구성되어 약 2개월간 활동할 예정이었다. 이러한 기록이 지금까지 남아 있는 것은 오야마가 주재했던 『사전학 잡지』가 있었기에 가능했다고 이야기할 수 있을 것이다.

「기초 사전학」

오야마 가시와[메이지 22(1889)~쇼와 44년(1969)]는 고고학에 관한 방대한 저작을 남겼다. 그 저작들은 주로 유럽과 일본의 석기시대에 관한 것들이었는데, 그중에서도 박사논문이 바탕이 되어 '사전학'에 관한 방대한 내용을 담은 『기초 사전학基礎史前学』[쇼와 19년 (1944) 11월, 고분샤弘文社]이 주목을 끈다.

『기초 사전학』은 오야마가 오야마사전학연구소와 게이오기주쿠 대학에서 강연한 '사전학' 강의 자료를 바탕으로 집필한 책이다. 게이오기주쿠 대학 문학부에서는 '인류학'이라는 제목으로 '사전학'을 강의했는데, 쇼와 3~18년까지 격년으로 강의했다.

'사전학' 강의 자료에는 '사전학 강의 요록史前学講義要録'이라는 제목이 달려 있었는데, 국판 크기로 "필기를 할 수 있도록 위의 절반은 백지로 되어 있었다. 오야마는 격년으로 이루어진 강의 때마다 매번 새로운 '요록'을 작성했고, 그 자료를 수강생용 텍스트로 사용했는데, 참가자는 매회 10~20명이었다고 한다. 에사카 데루야江坂輝弥는 『사전학 강의 요록』이 '6권 이상' 작성되었다고 전한다.

『사전학 강의 요록』은 『제1부 기초 사전학基礎史前学』, 『제2부 사실 사전학事実史前学』 두 권으로 구성되었는데, 쇼와 3년도 강의부터 사용되었던 듯하다. 쇼와 3년 또는 5년에 처음으로 이 『요록』이 만들어지고, 그후 쇼와 10년경에는 '증보판'이, 쇼와 13년에는 '3차 개정판'이 나왔다. 증보·3차 개정된 것은 『제1부 기초 사전학』으로, 『제2부 사실 사전학』은 쇼와 13년에 절판되었다. 원래는 『제3부 사전학 연습史前学演習』도 출간이 예정되어 있었으나 그것의 집필과 배포는 불분명하다.

예고된 차례를 바탕으로 『사전학 강의 요록』과 『기초 사전학』의 전체 구성을 비교해보면 다음과 같다.

『사전학 강의 요록』(3차 개정판)	『기초 사전학』

제1부 기초 사전학
  제1편 총론
    제1장 서설
      사전학의 정의
      사전학의 목적
      사전학 연구사
      기초 사전학의 성립
    제2장 사전학의 범위
	제1권
	  제1편 총론
	    제1장 서설
	      사전학의 정의
	      사전학의 목적
	      사전학 연구사
	      기초 사전학의 성립
	    제2장 사전학의 범위 및 성격

「사전학 강의 요록」(3차 개정판)	「기초 사전학」
총설	총설
시간적 범위	시간적 범위
공간적 범위	공간적 범위
연구 방법에 기반한 범위	연구 방법에 기반한 범위와 성립
제3장 자매 학문과의 관계	제3장 주요 자매 학문과의 관계
총기	총기
고고학과의 관계	고고학과의 관계
원사학과의 관계	원사학과의 관계
자연과학 방면과의 관계	자연과학 방면과의 관계
일반	일반
자연인류학과의 관계	자연(체질)인류학과의 관계
동물학과의 관계	동물학과의 관계
식물학과의 관계	식물학과의 관계
자연지리학과의 관계	자연지리학과의 관계
문화과학 방면과의 관계	문화과학 방면과의 관계
일반	일반
사학과의 관계	사학과의 관계
민족학과의 관계	민족학과의 관계
신화학과의 관계	신화학과의 관계
종교학과의 관계	종교학과의 관계
언어학과의 관계	언어학과의 관계
문화지리학과의 관계	문화지리학과의 관계
예술과의 관계	예술과의 관계
그외 제 학문과의 관계 및 소결	그 외의 제 학문과의 관계 및 소결
일반	일반
사회학과의 관계	사회학과의 관계
생업 제 학문과의 관계	생업 제 학문과의 관계
기타 제 학문과의 관계	기타 제 학문과의 관계
범위 소결	관계 범위 소결
제4장 사전학의 내용 일반	제4장 사전 문화의 개요
총기	총기

「사전학 강의 요록」(3차 개정판)	「기초 사전학」

기초 사전학의 내용
사실 사전학의 내용
제2편 자료론
  제1장 총설
    자료의 정의 및 범위
    자료의 구분
    자료의 가치
    자료의 성질
    자료 연구의 방향
    자료론
  제2장 식료
    총기
    식료에 대한 생리기관과 감각기관
 	
    천연계의 식료
    식료의 화학적 성질
    동물질 식료
    식물질 식료
    무생물질 식료 및 음료
    식료의 섭취
    식료의 저장
    식료 연구의 총괄
 	
    식료편 제3장
  제3장 보안
    총기
    천연계의 보안
    인체에서의 보안기관
    대적 보안
    내적 보안
    보안 총괄
	석기시대 문화 개황
	
	제2편 자료론
	  제1장 총설
	    자료의 정의 및 범위
	    자료의 구분
	    자료의 가치
	    자료의 성질
	    자료 연구의 방향
	
	  제2장 식료
	    총기
	    식료에 대한 생리기관과
	    관능 및 그 작용
	    천연계의 식료
	    식료의 화학적 성질
	    동물질 식료
	    식물질 식료
	    무생물질 식료 및 음료
	    식료의 조리가공
	    식료의 섭취
	
	    (이하 미간)
	제2권 사전 보안
	제3권 사전 생업
	제4권 구축술공 기타
	제5권 연구론
	  총설 유적학
	제6권 유물학 기타
	제7권 주요 인용 문헌 및 해제
	색인

이처럼 『요록』과 『기초』는 거의 동일하게 구성되어 있다는 것을 알 수 있다.

오야마의 사전학 구상

전 7권으로 계획되었던 『기초 사전학』은 완결되지 않고 중단되었으나 오야마의 사전학 구상은 이미 발표되어 있던 여러 논문으로 대강의 내용을 알 수 있다.

제2권으로 예정되었던 『사전 보안』은 『요록』의 '제3장 보안', 제3권 『사전 생업』은 「사전 생업 연구 서설史前生業研究序説」(『사전학 잡지』 제6권 제2호, 쇼와 9년), 제4권 『구축술공構築術工 기타』의 일부는 『사전 예술史前芸術』(쇼와 23년, 오야시마 출판), 제5권의 연구론 『유적학』은 「석기시대 유적 개설」(『팜플렛』 제4호, 쇼와 4년), 「사전 거석 건조물」(『사전학 잡지』 제13권 제1·2호, 쇼와 13년) 등에서, 제6권의 『유물학』은 「사전 유물 형태학 강요史前遺物形態学の網要」(『사전학 잡지』 제10권 제6호, 쇼와 13년), 「형질상보形質相補」(『사전학 잡지』 제13권 제4호, 쇼와 16년), 「사전 인공 유물 분류—골각기史前人工遺物分類—骨角器」(『사전학 잡지』 제11권 제4~6호, 쇼와 14년) 등에서 각각 어느 정도 알 수 있다.

이처럼 오야마의 사전학 구상은 매우 조직화되고 웅대한 것으로, 그는 일본 고고학자로서는 드문 존재였다고 할 것이다.

사전학Prehistoric이라는 것은 주로 선사시대 당시의 사실, 사물 등의 자료에 기반하여 사전 문화를 연구하는 과학이다.

이런 주장을 펼친 오야마의 사전학은 세계사적 시야에 입각해 스케일이 크고 자연과학 분야도 포함하는 등 뛰어난 선견지명을 보여주었다.

오야마는 사전학의 자료를 이렇게 정의하고 있다. "사전학에서 그 연구 대상이 되는 모든 사물, 사실을 자료Material로 칭한다." 또한 "그 범위는 매우 넓어서 물질적 사물에만 한정되지 않고 당시의 그 행위를 긍정할 수 있는 추상적 사실까지도 포함한다. 또한 실재하는 것에 한정되지 않고 이론상 당연히 존재했다고 긍정할 수 있는 것까지도 포함될 수 있다"고 주장했다. 그리고 자료를 "문화 자료"와 "천연 자료"로 대별했다.

이러한 시점에 입각한 오야마의 관심은 분석糞石에 다다른다. 석기시대 유적에서 분석이 출토되는 것에 대해서는 이미 하세베 고톤도長谷部言人가 지적한 바 있었다[「석기시대 유적의 분석石器時代遺跡に於ける糞石」, 『인류학 잡지』 제3권 제11·12호, 다이쇼 8년(1919) 12월]. 오야마는 "사전 인류 소화기계 연구의 한 단서"로서 분석의 존재에 주목했는데, "오늘날에는 분석 연구가 아직 진전되지 않고" 있었으므로 연구 방향을 시사하는 데에서 멈추었다. 한편 그는 이탄泥炭 중의 '사전 유물'을 높이 평가했다. 오야마 스스로도 아오모리

현 고레카와青森県是川의 이탄층을 발굴하여 많은 "천연 자료"를 얻었다(『사전학 잡지』 제2권 제4호, '고레카와 연구호是川研究号', 쇼와 5년 7월). 그 결과를 바탕으로 '화분花粉 분석', '인燐 분석', '유지油脂 분석'의 필요성을 제언했다.

현재는 자연과학 분야와 제휴해 자연 유물(오야마의 천연 자료)의 분석적 연구를 실시하는 것이 일반적인데, 그 필요성에 대해 구체적으로 이야기한 오야마의 학문은 50여 년을 지난 지금도 여전히 신선하다.

이번에는 『기초 사전학』의 출판에 관련된 뒷이야기에 대해 살펴보고자 한다.

'진중 일지'에서

『기초 사전학』의 집필 등 광범위한 연구 활동을 이어가던 오야마는 쇼와 18년 12월에 소집되었다. 그것은 "앞으로 3개월이면 병역 관계가 끝날 노육군 소좌"에게는 의외의 일이었는데, "귀족원에서는 거의 출정하지 않았기에" "의원을 소집하는 정치상의 필요"에서 이루어졌던 듯하다(오야마 아즈사大山梓, 「아버지에 대한 추억 父の思い出」, 『금성의 추억』).

12월 2일에 시부야구 병사계로부터 4일 소집에 응하라는 전화 연락 받음. 3일 아침 통지서 도착. 그날 저녁에 『기초 사전학』의 남은

부분 집필, 4일에 미조노구치溝ノ口 동부 제62부대에 출두. 임지는 북해도. 7일 오전 9시까지 아사히가와旭川에 도착할 것을 명받다. 5일 출발. 6일 오후 10시에 아사히가와 도착.

이렇게 급박하게 소집되는 모습이 이후의 '진중 일지陣中日誌'와 함께 『북의 수비—대대장 진중 일기北のまもり—大隊長陣中日記—』(헤이세이 원년 8월, 오토리쇼보鳳書房)에 기록되어 있다.

소집 명령을 받은 오야마는 『기초 사전학』 제1권의 교정과 남은 원고의 집필 일정에 쫓기고 있었으므로 그 뒤의 일은 핫토리 레이지로服部礼次郎에게 부탁했다.

그는 임지인 네무로根室에서 3월 8일 밤에 「서문」, 25일 밤에 「범례」를 집필했다. 그리고 6월 24일 〈아사히 신문朝日新聞〉에 책 광고가 게재되었다.

오야마의 손에 『기초 사전학』 제1권(쇼와 19년 11월 1일)이 도착한 것은 쇼와 20년 1월 16일이었다. 그날부터 바로 읽기 시작한 오야마가 자신의 책을 다 읽은 것은 2월 28일 밤이었다.

5월 25일 온덴의 오야마사전학연구소는 B29의 공습으로 오야마 저택과 함께 소실되었다. 오야마에게 그 소식이 도착한 것은 6월 6일이었다. "장서 1만 권이 잿더미로. 이 소식에 말문이 막혔다"고 그는 쓰고 있다. 다음날인 7일 "책이 없어진 후의 『기초 사전학』은 3권 체제로, 제2권은 자료 편, 제3권은 연구 편으로 하려고 생각. 그런데 언제 이것을 할 수 있을지 전도 미상. 부대에 있을 때는 축성築城 기술서 완성에 노력"이라고 작성된 메모를 통해 『기초 사전학』을 완성하려는 그의 집념을 엿볼 수 있다.

『기초 사전학』은 게이오기주쿠 대학에 학위 청구 논문으로 제출되었고, 시바타 조에·마자키 마사토間崎万里 등이 심사해 오야마는 소집 중에 문학박사 학위를 받았다.

『북의 수비―대대장 진중 일기』는 오야마가 소집에 응해 임지인 네무로, 그리고 후에 무로란室蘭으로 옮겼을 때의 진중 일지로 자필로 쓴 「응소 일지応召日誌」와 「대대장 일지大隊長日誌」로 구성되어 있다. 「응소 일지」는 한자와 히라가나를 섞어서, 「대대장 일지」는 한자와 가타가나를 섞어 썼다. 오야마의 임무는 홋카이도 동부의 연안 경비대 대장으로 진지를 구축하는 것이었다. 오야마는 쇼와 20년 3월 18일 무로란으로 옮겨 축성 작업을 담당하며 이곳에서 8월 15일을 맞이할 때까지의 매일의 임무와 생활 모습을 담담하게 기록했는데, 쇼와 19년 5월 10일 저녁에는 해상 기동부대의 다키구치滝口 중위가 내방한 사실이 기록되어 있다. 다키구치 중위는 다키구치 히로시滝口宏를 말한다. 다키구치는 에토로후섬(이투루프섬)·구나시리섬(쿠나시르섬)·하보마이군도歯舞諸島의 방위 지도를 작성하기 위해 홋카이도 동부의 도서를 시찰했을 때 네무로의 제33경비대 대장이 오야마 가시와 소좌라는 것을 듣고 하루 저녁 방문해 그와 고고학에 관한 이야기를 나누었다는 일화를 내게 말해준 적이 있다.

이 진중 일지에는 오야마의 「은혼집—진중음銀塊集—陣中吟—」이 수록되어 있다. 아래에 네 수를 싣는다.

> 북변을 지키며—쇼와 19년 2월 9일
> 바다는 얼고 산에 들에 눈이 쌓여도
> 임무를 소홀히 하지 않는 북의 지킴이
> 노게야마野毛山에 눈보라로 길이 묻혀도
> 발자국을 의지한다면 어떨까.

> 쇼와 20년 8월 16일
> 지는 꽃은 다시 돌아오지 않는데
> 오지 않는 봄을 마음으로 기다리고
> 아름답게 피어도 지는 것을 배우고 아까워하지 말고
> 다음을 기다리네.

오야마의 역할

오야마의 사전학은 폭넓은 시야에 입각한 범세계적인 발상에 따라 전개되었는데, 그는 유럽의 석기문화 연구를 일본에 소개하고 일본의 조몬시대 문화를 파악하는 것을 중요하게 생각했다.

가쓰사카 유적勝坂遺跡(가나가와현)의 발굴 결과를 통해 조몬

농경론의 시점을 제공했으며, 패총을 구성하는 조개류의 담수 함량 비율로 해진海進과 해퇴海退를 상정하고 패총 발굴 결과로 조몬시대 편년 관점에도 방향을 제시함으로써 이후의 연구에 하나의 기반을 마련해주었다.

『사전학 잡지』는 석기시대 연구에 중요한 전문 잡지로 역할했는데, 많은 논문을 게재하고 학계에 기여한 것은 분명하지만 어디까지나 '사전학의 사실'을 게재하는 데 주안점을 두었다.

쇼와시대의 전반, 사전학연구소를 배경으로 하는 사전학회(『사전학 잡지』)를 통해 일본 고고학계를 항상 주시하고 있던 오야마는 '도련님의 방구석 고고학'이라는 평가를 받기도 했지만 일반인한테는 사전학자로 받아들여졌다.

그러나 그는 일본 역사, 특히 고대사에 관해서는 어디까지나 귀족원 의원으로서의 발언에 멈추었는데, 이것은 당시의 정세를 볼 때 어쩔 수 없는 선택이었다. 하지만 사전학 자체에서는 지금까지도 유효한 수많은 선구적인 소견을 남겼다고 할 것이다.

교토의 고고학연구회

교토대의 고고학연구회

쇼와 11년 2월, "하마다(고사쿠) 선생을 사표師表로 모시는" 교토 제국대학에 관계된 젊은 고고학자들—주간主幹인 미쓰모리 사다오三森定男 외에 쓰노다 분에이角田文衞·네즈 마사시禰津正志·나카무라 기요에中村清兄 그리고 나가히로 도시오長広敏雄—이 동인으로 참여해 조직된 고고학연구회에서 『고고학 논총』 창간호를 간행했다.

쓰노다가 회상하듯 『고고학 논총』은 "잡지 『고고학』에 비하면 보다 아카데믹하고 조금 독선적이었다"(「해설」, 복간 『고고학 논총』 제3권, 쇼와 60년 3월). 그런 논평이 나온 것은 『고고학 논총』이 『고고학』에 '자극' 받아서 창간되었다는 데서 비롯된 듯하다. 게재 논문은 "소장 학도의 역작"이라고 명기하고, "원고의 취합은 편집 동인의 합의에 따라 결정한다. 논문 내용을 정정할 필요가 있는 경우에는 필자와 상의해 수정한 후 다시 편집 동인의 합의에 따라 결정한다. 또한 채택되지 않는 경우는 수령 후 15일 이내에 그 뜻을 통지"하도록 정해져 있는 것에서도 그 편린을 볼 수 있다.

『고고학 논총』의 특색

제1집에 게재된 나가히로의 「미술사와 고고학美術史と考古学」이나 네즈가 번역한 V. 니콜스키의 「선사학 방법론先史学方法論」은 정말이지 하마다가 좋아하는 명제였으며, 쓰노다의 「폐고묘센지 연구廃光明山寺の研究」처럼 고고학적 자료와 문헌과 고기록을 활용한 노작 등도 역시 교토 제국대학다운 논문이었다. 주간인 미쓰모리는 조몬 토기 연구를 다음 호 이후에도 게재했으며, 교토 제국대학 이외의 사람들—야와타 이치로·고토 슈이치·가쿠 마쓰자쿠郭沫若˙·아카기 기요시赤木淸·세리자와 조스케芹沢長介·가토 아키히데加藤明秀·에사카 데루야·다나카 히사시게田中重久 등—도 기고했다. 논문·보고 외에 번역·신간 서평(신간에 대한 전망)에 특색이 있었는데, 「부록」(제2집)으로 국제회의의 상황을 소개하고 『회보』(제1·2회)를 발간해 소논문과 학계의 동향을 기록하는 등 잡지 편집에 의욕적이었다.

제15집(쇼와 15년 4월)으로 정간될 때까지 교토 제국대학 관계자들이 중심이 되어 논문을 집필해 잡지에 게재했다. 15집이 발간되는 동안, 나카무라의 「동아 고고학 서설東亜考古学序説」(제7집), 오야마 히코이치大山彦一의 「남양군도 원시사회 연구南洋群島原始社会の研究」(제7·9·14·15집), 미즈노 세이이치의 「운강 석불사 일기초雲崗石仏寺日記抄」(제15집)가 게재되었는데, 특히 오야마는 "오늘날의 '남진' 정책은 오히려 경제적·사회적으로, 즉 기업 이동과 인구의 이민을 통해 물이 스며들듯 자연스럽게 이루어져야 한다"고 주장했다.

하마다의 「일본의 민족·언어·국민성 및 문화적 생활의 역사적 발전日本の民族·言語·国民性及び文化的生活の歴史的発展」(제7~9집)은

˙ 중국인 학자 궈모러郭沫若의 일본식 이름.

서양어로 발표한 것(국제문화협회 『일본문화총서 日本文化叢書』의 하나로 발표되었다)의 일본어 원고로, "동양 평화의 책임은 전적으로 우리 일본의 양어깨에 있다"는 표현은 당시 시국을 잘 보여주는 문장이라고 할 수 있을 것이다.

교토에서 교토 제국대학 관련자들이 발족한 고고학연구회는 중일전쟁 중에 활동한 학회로, 오야마 가시와의 사전학회, 모리모토 로쿠지의 도쿄고고학회와는 성격이 달랐다. 교토 제국대학 동창을 중심으로 한 학회였지만 민간 연구자에게도 문호를 열고 『고고학 논총』에 발표할 기회를 지속적으로 주었던 것이다.

쇼와 16년 2월 도쿄고고학회·중부고고학회와 합병해 모습을 감추었으나 나중에 쓰노다 분에이에 의해 재단법인 고대학회 古代學會로 다시 탄생해 현재에 이르고 있다.

지역 고고학회의 활동

고고학의 전국지

다이쇼 말년부터 쇼와 초반에 걸쳐 각지에서 고고학회가 탄생하고 회지가 발행되기 시작했다. 그때까지의 고고학회라고 하면 『고고학 잡지』를 발행하는 고고학회, 『인류학 잡지』를 기관지로 하는 도쿄인류학회 2개였는데, 모두 전국지를 발행하는 전국 조직의 학회였다.

쇼와 2년에 모리모토 로쿠지를 중심으로 한 고고학연구회가, 이어서 쇼와 5년에 고고학연구회를 모태로 한 도쿄고고학회가 조직되어 『고고학 연구』와 『고고학』이 발간되었다. 한편 쇼와 4년에는 오야마 가시와가 주재하는 사전학회에서 『사전학 잡지』를 발간함으로써, 전통 있는 두 잡지에 또 하나의 학회지가 더해졌다. 몇 년 뒤인 쇼와 11년에는 교토 제국대학에서 고고학을 수학한 젊은 연구자들이 중심이 된 연구회가 만들어지고 『고고학 논총』이 창간되어 5개의 전국지가 간행되었다.

지역 고고학의 융성

그 무렵 지역 단위의 고고학회가 연이어 만들어지고, 그것을 모체로 지역에 기반한 잡지가 간행되기 시작했다. 이미 다이쇼시대에 발족한 기비고고회吉備考古会(쇼와 9년), 아키타고고회秋田考古会(쇼와 14년)는 꾸준히 『기비고고吉備考古』와 『아키타고고회 회지秋田考古会会誌』를 발행하고 있었다. 이 두 학회는 기관지 간행과 예회例会를 축으로 발전했다. 기비고고회는 『고고考古』[다이쇼 9년(1920) 9월 창간]을 간행했는데, 쇼와 4년 오카야마고고회岡山考古会로 개칭하고 『기비고고』를 발행하기 시작했다. 쇼와 5년 간행된 제6호 이후 이름을 다시 기비고고회로 바꾸었는데, 쇼와 15년 간행된 『기비고고』제45호는 '이천육백년 기념호二千六百年記念号'라는 제목으로 발행되었다. 쇼와 17년 4월 기비고고학회吉備考古学会로 다시 개칭하고, 쇼와 18년 5월 간행된 제57호부터『기비고고』를『기비문화吉備文化』로 제목을 바꾸어 발행했는데, 쇼와 22년(1947) 12월의 제74호부터 다시『기비고고』로 명칭을 바꾸어 제91호(쇼와 31년 11월)로 종간하였다.

한편 아키타고고회는 다이쇼 14년 8월에『아키타고고회 회지』창간호를 발행한 이래, 제2권 제4호(쇼와 5년 12월)를 '홋타노사쿠아토払田柵址', 제3권 제3호(쇼와 11년 12월)를 '누마마沼間' 특집으로 편집하는 등 지역 학회의 자세를 보여주었으며, 제3권 제3호로 정간되었다.

쇼와 4년에는 시나노고고학회信濃考古学会가 발족해『시나노고고학 회지信濃考古学会誌』를 창간했는데, 쇼와 7년 3월에 간행한 제3년 제1집 계9호로 정간되었다.

쇼와 6년 10월, 야마토문화연구회大和文化研究会가 발족해『고고총서考古叢書』제1편을 발행했는데, 이듬해 야마토상대문화연구회大和上代文化研究会로 개칭하고 회지도 2권부터는『야마토고고학大和考古学』으로 제목을 바꾸어 쇼와 8년 5월에 제3년 제5호를 간행했다.

이외에 쇼와 8년 히다고고학회飛騨考古学会가 결성되어 5월에『회보』제1호를 창간했다. 다음해 5월『석관石冠』으로 제목을 바꾸어 제4호를 발행한 동시에 히다고고토속학회飛騨考古土俗学会로

이름을 바꾸었다. 『석관』은 6권이 간행되었으며, 쇼와 10년 1월부터 『히다비토ひだびと』로 제목이 바뀌어 쇼와 18년 3월까지 간행되었다.

쇼와 13년에는 기이고고잡지발행회紀伊考古雜誌発行会에서 『기이고고紀伊考古』를 창간해 쇼와 16년 12월 간행된 제4권 제6호까지 19권을 간행했다. 한편 쇼와 15년 1월에 간행된 제3권 제1호부터 기원(2600년 1월)을 표지에 쓴 것은 고고학 관련 잡지로서는 이례적인 일이었다.

그리고 아오모리의 나카무라 료노신中村良之進이 『무쓰고고陸奧考古』를 간행해 쇼와 3년 4월~10년 1월까지 7권을 발행했다. 또한 가나가와현의 오카 에이이치岡栄一가 발행한 『다치바나고고학회지橘樹考古学会誌』가 쇼와 6년 2월~7년 6월까지 6권을 간행했고, 야마나시山梨의 니시나 요시오仁科義男가 쇼와 8년 7월에 『가이노고고甲斐之考古』 제2편을 간행하는 등, 각 지역에서 고고학 잡지가 발행되었다.

쇼와 11년 5월에는 중부고고학회가 결성되어 쇼와 14년 4월까지 『중부고고학회 휘보中部考古学会彙報』 20권을 간행했다.

야마노우치 스가오가 선사고고학회先史考古学会를 만들고 그 기관지로 『선사고고학先史考古学』 간행에 착수한 것은 쇼와 12년 1월의 일이었다. 제1권 제3호(쇼와 12년 3월)에 정간된 이 잡지는 특정 지역을 토대로 한 것이 아니라 폭넓게 일본의 고고학을 조망했다는 점에서 결코 등한시할 수 없다.

　이렇게 지역을 모체로 태어난 고고학회와 그 기관지는 쇼와 초반~쇼와 10년대에 활발하게 활동했다. 일부를 제외하고는 모두 온전히 지역의 고고학 조사와 연구에 전념했으며, 급박하게 전개되는 정치 정세, 특히 '외지'의 고고학과는 무관했다.

　그것은 향토의 유적과 유물을 '고고학'으로 구명究明하려는 의도가 충만했기 때문이라고 할 수 있을 것이다. "일반인"의 고고학이 존재했던 것이다.

2부   "대동아공영권"의 고고학

일본 고고학사의 결락

'대동아공영권'의 고고학

'대동아공영권大東亞共榮圈'—이것은 쇼와 15년 7월에 발족한 제2차 고노에 후미마루近衛文麿 내각의 외무대신 마쓰오카 요스케松岡洋右가 만든 용어라고 이야기되는데, 쇼와 13년 11월 3일 제1차 고노에 내각이 발표한 '동아 신질서東亞新秩序' 건설 성명과 동일한 뿌리를 가지고 있다. "제국이 희구하는 것은 동아의 영원한 안정을 확보할 신질서의 건설이다"라고 한 '동아 신질서' 성명을 이어받아 "우리나라의 현재 외교 방침은 이 황도皇道의 대정신大精神에 따라 우선 일본, 만주, 중국을 그 일환으로 하는 대동아공영권의 확립에 노력하는 것이다"라고 말한 마쓰오카의 '대동아공영권' 구상은 이후 일본의 진로를 결정짓는다.

그 '대동아공영권'의 형성, 전개와 붕괴는 일본 제국주의의 식민지 지배와 불가분의 관계에 있으며, '15년 전쟁'과 오버랩된다.

고바야시 히데오小林英夫는 『'대동아공영권'의 형성과 붕괴'大東亜共栄圏'の形成と崩壊』[쇼와 50년(1975) 12월, 오차노미즈쇼보お茶の水書房]에서 다음과 같이 시기를 구분해 '대동아공영권'을 파악했다.

제1기 쇼와 6~12년(1931~1937)
제2기 쇼와 12~16년(1937~1941)
제3기 쇼와 16~20년(1941~1945)

고바야시의 3기 설정은 '군사점령 → "폐제 통일幣制統一" → 산업 "개발"정책의 전개'를 주축으로 삼아 경제적·군사적 측면을 다룬 의욕적인 시도였다.

고바야시로 대표되는 '대동아공영권' 연구에 자극받아 일본 고고학계가 어떠한 움직임을 보였는지, 약간의 자료로 전망해보려고 한다.

일본 고고학사에서 '대동아공영권'과 고고학의 동향을 관련 지으려는 연구는 극히 드물다. 이는 기존에도 그리고 현재도 일본 '내지'의 고고학사 연구가 중심이었고, 일본 '외지'의 고고학에 대해서는 전면적인 논의가 부족했기 때문이다. 일본 '외지'의 고고학에 대해 논하는 경우 대부분은 '외지'에서 직접 고고학 연구를 수행했던 학자의 회고와 의미 부여가 주류를 이루었으며, 당사자의 인식에 따른 발언이 지배적이었다.[1] 확실히 일본의 '외지' 고고학은 당시 일본 고고학 최고의 두뇌와 기술력에 의해 전개되었으며, 그 학문적 성과는 흠잡을 데 없었다고 평할 수 있을 것이다.

'식민지' 고고학의 시점

일본 고고학사를 '일본인의 고고학 연구'라는 관점에서 바라보면, '일본열도'를 중심으로 하는 좁은 뜻의 지역 고고학과 '대동아공영권' 구상에 따라 넓은 지역을 대상으로 하는 고고학적 연구로 나눌 수 있다. 메이지시대부터 다이쇼시대 그리고 쇼와시대에 수행된 일본의 '외지' 고고학은 바로 '식민지' 고고학 그 자체로, 영국이 인도에서 수행한 결과에 비견될 수 있을 것이다.

특히 메이지 43년(1910) 8월 22일의 '병합' 이후, 다이쇼시대

---

1 우메하라 스에지梅原末治, 『동아 고고학 개관東亜考古学概観』(쇼와 22년 1월, 호시노쇼텐星野書店)에서 그 사례를 볼 수 있다. 이 책은 쇼와 17년 12월 저자가 "일본, 프랑스, 인도차이나 교환교수"로 '인도차이나'(베트남·캄보디아·라오스) 각지에서 강연한 내용을 중심으로 쓴 것으로, 쇼와 20년 7월에 원고가 완성되었다고 한다. 강연의 목적은 "일본 학자가 지금까지 동아 고고학에 기여한 업적"을 소개하는 것이었다. 수록된 글은 「조선에서의 한대 유적 조사와 그 업적朝鮮に於ける漢代遺跡の調査と其の業績」, 「조선 상대 유적의 조사—특히 고구려 벽화에 관하여朝鮮上代遺跡の調査—特に古句麗の壁画に就いて—」, 「남만주, 특히 관동주의 사전 문물에 관한 새로운 견해南満州特に関東州の史前文物に関する新見解」, 「최근 일본 학자가 수행한 중국의 고고학 조사에 관하여最近日本学者の行ふた支那の考古学調査に就いて」 등 9편이었다.

를 거쳐 쇼와시대 전반까지 한반도에서 이루어진 '식민지' 지배하의 고고학 연구 실태는 그 전형이라고 볼 수 있다. 그중에서도 '동아 고고학'으로 범칭되는 분야는 '동아신질서'와 '대동아공영권' 구상과 함께 진전되었다. '대동아공영권'의 고고학은 국책國策 그 자체로 '식민지'에서 웅비했던 것이다.

일본의 근대사 연구가 '식민지' 문제와 깊이 관련되어 있듯, 일본의 고고학사에서도 그러한 면을 등한시할 수 없다.

'한반도' 또는 '중국 대륙'이나 '타이완' 등에서의 고고학이라는 지역성을 넘어서서 일본 고고학의 관점으로 고고학사를 바라보는 것 또한 지금 요구되는 하나의 시각이다. '대동아공영권'의 고고학은 '동아'의 고고학 연구가 최고조에 달했다가 붕괴되어가는 과정 그 자체였지만, 쇼와시대 전반의 일본 고고학사적 측면 중의 하나로 자리매김되어야 한다.[2]

다음에서는 결락된 일본 고고학사의 한 장면, '대동아공영권'의 고고학에 대해 다루어보려고 한다.

---

[2] 이 문제에 대해 곤도 요시로近藤義郎는 "일본 학자가 한국·중국 등에서 수행한 고고학 연구가 일본의 아시아 침략과 밀접하게 연결되어 탄생·발달했고", 그것은 "침략 정부의 원조" 아래 "각지의 지배 기관과 군부의 비호와 원조 속에서 수행되었다"고 간단히 지적하고 있다 [「전후 일본 고고학의 반성과 과제戰後日本考古学の反省と課題」, 『일본 고고학의 제 문제日本考古学の諸問題』, 쇼와 39년(1964) 6월, 가와데쇼보신샤河出書房新社].

서쪽으로 — 한반도

조선과 조선고적연구회

조선총독부하에서의 조사 사업

메이지 43년 8월 22일, '한일조약' 조인으로 '한국 병합'이 이루어지고, 10월 1일 조선총독부가 설치되었다. 총독부 개설과 동시에 내무부 지방국 제1과가 주관하여, 세키노 다다시를 중심으로 이미 실시되고 있었던 고건축과 고적에 대한 조사 체제를 정비하고 다이쇼 2년(1913)에 조사를 완료하였다.

그 결과는 『조선 고적 도보朝鮮古蹟図譜』[15책, 다이쇼 4(1915)~쇼와 10년]에 수록되어 국내외에 배포되었다. 한편 메이지 44년(1911)부터는 도리이 류조가 총독부 내무부 학무국의 조사 사업을 수행해 다이쇼 9년까지 주로 석기시대 유적 등을 조사했다.

이 조사는 "측량 및 사진 기술원부터 통역·헌병까지 수행한 대규모 여행"으로, "단순한 자료 수집 여행에 비할 바가 아니었다"고 하는데,[3] 당시 총독부 직할의 조사가 평범하지 않았다는 것을 잘 보여준다.

다이쇼 4년, 총독부박물관이 개설되어 석기시대부터 이씨 조선시대까지의 사료 및 자료가 진열 공개되는 한편, 이듬해부터는 한반도 전역의 고적 조사가 연차별 계획에 따라 실시되었다. 그 조사위원회에는 세키노 다다시·구로이타 가쓰미·이마니시 류今西龍·도리이 류조·오다 쇼고小田省吾·야스이 세이이치가 참여했는데, 나중에 하라다 요시토·하마다 고사쿠·우메하라 스에지·후지타 료사쿠가 위원으로 참여했다. 그 결과는 연도별 『고적 조사 보고古蹟調査報告』로 간행되었고 『고적 조사 특별 보고古蹟調査特別報告』도 발간되었다.

조선총독부 직할의 이러한 조사 사업은 다이쇼 말년에서 쇼

---

[3] 후지타 료사쿠藤田亮策, 「조선 고적 조사朝鮮古蹟調査」[『고문화의 보존과 연구古文化の保存と研究』, 쇼와 28년(1953) 2월, 나중에 『조선학 논고朝鮮学論考』(쇼와 38년(1963) 3월)에 수록되었다]. 조선고적연구회에 대해서는 연구회에서 간행한 보고서인 아리미쓰 교이치有光教一, 『아리미쓰 교이치 저작집有光教一著作集』 제2권(헤이세이 4년 12월, 도호샤 출판)에 수록된 여러 논문 외에, 고이즈미 아키오小泉顕夫의 『조선 고대 유적 편력朝鮮古代遺跡の遍歷』(쇼와 61년 10월, 롯코 출판六興出版), 미즈노 세이이치의 『동아 고고학의 발달』(쇼와 23년 6월, 오야시마 출판, 후지타 료사쿠, 「조선고적연구회의 창립과 그 사업朝鮮古蹟研究会の創立と其の事業」, 『청구학총青丘学叢』 제6호) 등을 참조하라.

와 초반에 후퇴했다. 그것은 고적 조사에 필요한 예산을 확보하는 것이 쉽지 않았기 때문이라고 전해진다.

조선고적연구회의 발족

따라서 조사위원회를 대신할 조사 주체의 편성이 필요하다고 판단한 구로이타 가쓰미는 기부금으로 운영하는 연구 조직을 총독부 외곽 단체로 설립하는 방안을 내놓았다.

쇼와 6년 8월 조선고적연구회朝鮮古蹟研究会가 발족했다. 이 연구회는 단순한 동호인 연구회가 아니라 총독부의 "고적 보물의 조사 연구 부분을 담당"하는, "연구원과 발굴비의 측면에서 볼 때 총독부의 사업을 돕는" 외곽 단체였다.

그 운영 기금은 일본학술진흥회의 보조금 등으로 충당했고, 세 연구소(평양·경주·부여)의 경영 자금 및 조사 경비, 조사 보고서 출판비로 사용되었다. 사무소는 조선총독부박물관에 두고, 평양부립박물관에 평양연구소, 경주박물관 분관에 경주연구소, 부여의 진열관에 백제연구소를 각각 설치했다.

평양연구소는 남정리南井里·석암리石巖里·정백리貞柏里의 낙랑고분 조사를 시작으로 평양 주변에서 낙랑고분과 토성, 그리고 대동大同·평원平原·강서江西·용강龍岡·영변寧邊의 각 군에 소재하는 고구려의 고분·토성·사원을 조사했다. 특히 쇼와 6년에 발굴한 낙랑채협총樂浪彩篋塚, 쇼와 7년에 발굴한 낙랑왕광묘樂浪王光墓

는 목곽木槨 목관이 완전하게 잔존하고 다종 다량의 부장품이 발견되어 세계 고고학계에 파문을 일으켰다. 그 보고서는 『고적 조사 보고』 제1권인 『낙랑채협총』(쇼와 9년), 제2권 『낙랑왕광묘』(쇼와 10년)로 간행되었다.

또한 쇼와 8~10년에 실시된 한나라 시대 낙랑군의 고분·토성 조사는 각 연도별로 간행된 『고적 조사 개보古蹟調査概報』(전 3권)로 조사 내용이 알려졌으며, 쇼와 11~13년에 실시된 조사 내용은 각 연도별로 간행된 『고적 조사 보고』(연도별 『고적 조사 보고』는 쇼와 11~13년까지 3권이 간행되었고 쇼와 14년 이후에는 간행되지 않았다)에 수록되었다.

경주연구소에서는 신라·통일신라 시대의 고분·성지·사지 등을 조사해, 그 내용을 연도별 『고적 조사 보고』에 게재했다.

그리고 『조선 보물 도록朝鮮宝物図録』 제1권인 『불국사와 석굴암仏国寺と石窟庵』(쇼와 13년), 제2권 『경주 남산의 불교 유적慶州南山の仏蹟』(쇼와 15년)은 모두 조선총독부가 간행한 것으로 되어 있으나 실제로는 경주연구소가 작성한 보고서였다.

백제연구소는 공주·부여를 비롯해 익산·반남 등의 고분·사지 등을 조사해, 그 결과를 연도별 『고적 조사 보고』에 발표했다.

조선고적연구회는 총독부의 고적 조사를 대신했는데, 세 연구소 모두 박물관에 있고 사무소는 '경성'의 총독부박물관에 있어 총독부의 산하기관이나 다름없었다. 운영 기금은 기부금으로 충당하기도 했지만 대부분은 일본학술진흥회와 궁내성宮內省 그리고 이왕가李王家에서 지출한 비용으로 충당하는 등, 민간 연구 단체라고 할 수 없다.

표 1. 조선고적연구회의 보조금·기부금

(단위: 엔)

연도	출자자·단체명	보조·기부금의 액수
쇼와 6년	이와사키 야타로岩崎弥太郎 남작	기부금 7,000
쇼와 7년	호소카와 모리타쓰 후작	기부금 6,000
쇼와 8년	일본학술진흥회	보조금 15,000
	궁내성	하사금 5,000
쇼와 9년	일본학술진흥회	보조금 12,000
	궁내성	하사금 5,000
	이왕가	하사금 5,000
쇼와 10년	일본학술진흥회	보조금 8,000
	궁내성	하사금 5,000
	이왕가	하사금 5,000
쇼와 11~13년	일본학술진흥회	각 연도 조성금 8,000
	궁내성	하사금 각 5,000

표 2. 조선고적연구회 임원

명칭	성명
이사장	(정무총감)
평의원	구로이타 가쓰미·오다 쇼고·하마다 고사쿠·하라다 요시토·이케우치 히로시·우메하라 스에지·(학무국장)
간사	후지타 료사쿠

조선고적연구회의 구성원

쇼와 10년 낙랑 유적 조사에 종사했던 사람들의 면면을 보면, 연구원 외에 "조선총독부 고적 조사 사무 촉탁*" 등이 있는데, 쇼와 12~13년도에는 연구원 외에 "조선총독부박물관 촉탁" 등의 신분으로 참가했다. 연구원·연구 조수는 총독부 관계자이거나 '내지'의 제국대학·제실박물관에 소속된 연구자들로 조직되었다.

그것은 당연한 일이었다. 총독부 시대에 유적 발굴을 수행할 수 있는 것은 "총독부가 임명한 위원 또는 해당 관리"로 제한되어 있었다. 그러나 예외도 있었다. '선사'시대 관련 유적의 경우에는 일부 민간 고고학 연구자가 조사를 수행한 사례가 있다.

이렇게 볼 때 조선고적연구회는 동아고고학회와 그 성격이 같다는 것이 명백하다. 모두 '조성금', '보조금', '하사금'으로 운영되었으며, 항상 '국가(관)'가 개입했다. 동아고고학회가 "동아"의 고고학을 지향했다면 조선고적연구회의 연구 대상은 "조선"의 고고학이었다. 그리고 2개의 '연구회'에 직접적으로 관여한 것은 교토 제국대학이나 도쿄 제국대학 그리고 제실박물관에 소속된 '관'의 고고학자로, 공통되는 이름을 찾아볼 수 있다.

동아고고학회가 베이징대학고고학회와 공동으로 동방고고

---

* 촉탁은 통상의 사원이나 직원과 달리 그 능력을 인정받아 특정한 사무를 의뢰받은 이를 의미한다.

학협회를 결성해 총회를 개최하고 강연회를 기획해 학회로서의 체제를 정비했던 데 비해 조선고적연구회는 이름만 바꾸어 총독부의 고적 조사 사업을 실시했다. 따라서 이 2개의 '회'는 외지에서 고고학 조사 활동을 실행했다는 점에서는 동일하지만, 내용상으로는 전혀 다르다.

조선고적연구회는 쇼와 6년 6월~20년 8월까지 한반도에서 고고학적 조사를 추진하며, 명백하게 '대동아공영권'의 고고학을 담당했던 것이다.

군수리 폐사지와 와카쿠사 가람의 발굴

군수리 폐사의 발굴

쇼와 10~14년, 이시다 모사쿠는 후지타 료사쿠의 종용을 받고 부여에 있는 3곳의 사지 발굴 조사를 실시했다.

하나는 쇼와 10년, 11년의 군수리 폐사軍守里廢寺 발굴이고, 나머지는 쇼와 14년에 진행한 동남리東南里 폐사와 가탑리佳塔里 폐사 발굴이다. 이 3곳의 사지 발굴은 백제 사지 발굴의 효시다. 특히 군수리 폐사지의 발굴은 일본 아스카시대飛鳥時代의 사지 연구에 큰 영향을 주었다.

쇼와 10년 가을, 제실박물관 감사관으로 역사과에 근무하고 있던 이시다는 동료인 세키네 류우오_{関根龍雄}와 함께 조선으로 건너왔다. 이시다는 '경성'에서 후지타와 만난 후 안내를 담당한 사이토 다다시와 함께 부여로 향했다. 부여에 도착한 일행은 백제시대 고와_{古瓦} 출토지를 답사하고 발굴 후보지를 검토했는데, 사이토의 제안에 따라 군수리 폐사지를 조사하기로 결정했다.

쇼와 10년 9월 29일, 군수리 폐사지 발굴이 시작되어 그후 10월 11일까지 13일에 걸쳐 약 150명의 작업 인원이 동원되었다.

발굴 결과, 중앙·북·남에 세 기단이 존재한다는 것이 밝혀지고 다량의 기와 등이 출토되었다. 3기의 기단은 남북 직선상에 위치하고 있었다.

이에 부여고적연구회_{扶余古蹟研究会}는 발굴지 부근의 작은 소나무숲 지대를 매수했다.

제2차 조사는 다음 해 9월 4일~10월 14일에 이루어졌는데, 이전의 구성원 외에 후지타도 조사에 참가했다. 기록에 따르면 발굴에 종사한 작업 인원은 연 460명에 달했다고 한다.

제1차 조사에서 발견한 3기의 기단은 북에서 남으로 걸친 강당·금당·탑지라는 것이 확인되었다. 처음에 사지인지 궁전지인지 확정하지 못했던 유적은 예측했던 대로 사지로 판명되었다. 그리고 탑지의 심초_{心礎} 위에서 금동보살상과 석조여래상 등이 발견되었다.

2차에 걸친 군수리 폐사지 발굴[4]을 통해 "탑·금당·강당이 남북 일직선상에 배치되어 있으며, 회랑이 그 탑과 금당을 둘러싸는 형태는 마치 내지의 오사카 시텐노지四天王寺(사천왕사)의 배치 형태와 완전히 동일하다는 점에서 이목"이 집중되었다. "가람 간의 거리"가 "시텐노지, 야마토야마다데라大和山田寺 등의 당탑堂塔 사이의 거리 비율과 매우 가깝다"는 점도 주목할 만하다.

호류지 와카쿠사 가람의 발굴

군수리 폐사지 발굴 결과는 '내지'의 사지 유적 조사에 큰 영향을 주었다.

쇼와 14년 3월 기다 사다키치喜田貞吉와 아다치 야스시足立康가 호류지法隆寺(법륭사)의 재건·비재건再建非再建에 관한 입회立会 연설회를 개최했다. 그 강연회에 대한 감상을 요청받은 이시다는 「호류지 문제 비판法隆寺問題批判」(《도쿄 니치니치 신문東京日日新聞》, 쇼와 14년 3월 28일)이라는 글을 썼다. 그는 호류지의 후몬인普門院(보문원) 남쪽의 와카쿠사 가람지若草伽藍址로 전해지는 장소를 발굴할 필요가 있다고 주장했다. 군수리 폐사지 발굴 경험에 바탕한 의견이었다. 이 글은 널리 퍼져 식자의 주목을 끌었으며 과거 와

---

[4] 군수리 폐사지의 발굴 조사 내용은 이시다 모사쿠, 「부여 군수리 폐사지 발굴 조사(개요)扶余軍守里廃寺址発掘調査(概要)」(『쇼와 11년도 고적 조사 보고昭和十一年度古蹟調査報告』, 쇼와 12년 7월)로 발표되었다.

카쿠사 지역에서 반출되었던 심초가 호류지에 반환되는 계기가 되었다. 당시 호류지의 관장管長은 사에키 조인佐伯定胤이었다. 사에키와 절친한 사이였던 이시다는 부여에서의 경험을 이야기하며 사지 발굴의 중요성을 이야기한 적이 있었다.

와카쿠사로 반환된 심초는 우선 원래 위치로 추정되는 지점에 놓아두었다. 이를 계기로 와카쿠사 가람지에 대한 발굴 열기가 단숨에 뜨거워졌다.

발굴은 이시다와 스에나가 마사오末永雅雄에게 의뢰했는데, 두 사람의 추천으로 야오이 다카이에矢追隆家와 스미다 쇼이치澄田正一가 참여해 호류지 재건·비재건 문제에 큰 파문을 일으켰다.[5]

조선 민간의 연구

관민 일체의 경주고적보존회

다이쇼시대 한반도에서의 고적 조사는 조선총독부 학무국 고적조사과가 중심이 된 조사단을 기반으로 관련 학자가 참여하여 주

---

5   군수리 폐사지 발굴은 호류지 와카쿠사 가람지의 발굴 조사가 시행되는 데 큰 영향을 미쳤다. 그 배경에 관한 이야기는 이시다 모사쿠, 『호류지 잡기첩法隆寺雜記帖』(쇼와 44년 7월, 가쿠세이샤)과 『두 개의 감사二つの感謝』(쇼와 49년 12월, 도쿄 미술東京美術)에 실려 있다.

로 고분 등의 발굴 조사만을 실시했다. 다이쇼 13년(1924) 고적 조사과가 폐지되어 총독부가 직할하는 발굴이 일시 중단되는데, 쇼와 6년 8월 구로이타 가쓰미의 주선으로 조선고적연구회가 발족해 과거 고적 조사과의 조사 연구 부문을 담당했다. 이 연구회는 일본학술진흥회 등의 기부금으로 운영 기금을 충당하고 이사장에 총독부의 정무총감이 취임하는 등 결코 민간 연구회가 아니었다.

한편 다이쇼 후반에서 쇼와 초반에 한반도 각지에서 관민 일체의 보존회, 민간 연구회가 조직되었다.

그중에 경주고적보존회慶州古蹟保存会의 활동은 발군이었다. "지방 관민이 이 시점을 감안하여 경주고적연구회를 조직"하여 『신라 구도 경주 고적 도휘新羅旧都慶州古蹟図彙』 등을 편집 간행했는데, 보존회는 다이쇼 15년 11월 간행된 이 책에 경상북도 지사 스도 모토須藤素가 쓴 「서문」을 넣는 등 진정한 '관민 일체'의 모습을 보여주었다. 같은 해 같은 달, 모로가 히데오諸鹿央雄가 소장한 기와의 도록을 우메하라 스에지가 편집하여 『신라 고와보新羅古瓦譜』 제1집으로 출간했는데, 그 휘호를 쓴 것이 하마다 고사쿠였다.

경주고적보존회는 『신라 구도 경주 고적 안내新羅旧都慶州古蹟案内』를 비롯해, 『경주의 고적과 유물慶州の古蹟と遺物』의 그림엽서 등을 제작했다. 쇼와 7년 11월에 간행된 하마다 고사쿠의 『경주 금관총慶州の金冠塚』은 조선총독부의 『고적 조사 특별 보고』 제3책 『경주 금관총과 그 유보慶州金冠塚と其遺宝』(상권)의 미간분(하권)을

보충한다는 의미에서 주목할 만하다. 어쩌면 다이쇼 10(1921)~12년에 실시된 금관총 발굴에 노력했던 모로가 히데오·오사카 긴타로大坂金太郞에게 바치는 책이었을 것이다. 경주고적보존회는 경주유물진열관을 경영한 실적도 있었으며, 보존회에서 간행한 오사카 로쿠손大坂六村(오사카 긴타로)의 『취미의 경주趣味の慶州』(쇼와 6년 3월, 쇼와 14년 7월자 발행도 있다)는 경주를 방문하는 사람들에게 경주 사적 안내서로 호평을 받았다. 저자인 오사카는 메이지 39년(1906)부터 메이지 말년까지 회령会寧에 있으면서 회령소학교를 창설하고 교장으로 활약했다. 후에는 경주공립보통학교 교장으로 부임해 신라 문화 연구에 힘을 쏟았다.

회령의 연구자

회령에서는 다이쇼시대부터 쇼와시대까지 고이케 오쿠요시小池奧吉가 '석기왕石器王'으로 자칭하며 활약했다. 고이케는 회령 지역을 중심으로 학용품과 잡화를 팔아 생계를 유지하며 각지의 학교에 석기·토기 등을 기증했다. 그 석기·토기에는 묵서로 "고이케 오쿠요시 기증"이라고 쓰여 있었으며, 베이징 대학에도 기증되었다고 한다.

고이케는 『북조선의 태고 석기北鮮太古石器』(다이쇼 12년 11월, 다이쇼 13년 7월 재판)를 저술했다. 신서판보다 조금 세로로 긴 크기(19cm×10cm)의 판형에 본문 46페이지, 도판 35매의 책으로, 회령사적연구회会寧史蹟研究会가 판권을 보유하고 회령박문관会寧博文館이 발행했다. 이 책의 학문적 가치는 다이쇼 5년(1916)에 함경북도의 석기시대를 조사한 야기 소자부로八木奘三郎의 『조선 함경북도 석기고朝鮮咸鏡北道石器考』(『인류학 총간人類学叢刊』 을乙, 『선사학先史学』 제1책, 쇼와 13년 7월)에 비견할 것은 아니지만, 나는 다이쇼시대 후반부터 쇼와 10년 무렵까지 회령에서 석기·토기를 채집하고 회령사적연구회를 조직했던 한 사람의 일본 "기인"(후지타 료사쿠의 표현, 「회령의 추억会寧の思い出」, 『패총貝塚』 37, 쇼와 26년 9월)의 존재를 기록해 소개하려고 한다.

회령에는 또 한 사람의 열정적인 연구자가 있었으니 야마모토 마사오山本正夫다. 야마모토는 특별히 연구회를 조직하지는 않았고 단독으로 많은 유물을 채집했다. 그 채집 유물 중에는 가치 있는 것이 많은데, 도호쿠 대학東北大学 문학부 고고학 연구실에 기증되어 귀중한 자료가 되었다.

평양명승구적보존회

평양에는 평양명승구적보존회平壤名勝旧蹟保存会가 조직되었다. 이 보존회는 특히 쇼와 6년의 채협총 발굴에 협력했으며, 조선고적연구회의 『낙랑채협총』(쇼와 9년)과는 별개로 『낙랑채협총(유물취영遺物聚英)』(쇼와 11년)을 간행했다. 평양은 낙랑군·고구려의 영토였던 곳으로 많은 사적이 산재해 보존회의 활동도 활발했다고 전해진다. 모로오카 에이지諸岡栄治의 『낙랑 및 고구려의 고와 도보樂浪及高句麗古瓦図譜』(쇼와 10년) 간행도 일본인 연구자에 의한 기록의 하나로 기억되어야 할 것이다.

이 보존회들은 연구보다 유적 보존, 유물 수집, 사적 계몽 등을 주된 활동으로 삼았고 불특정 다수의 사람들을 대상으로 했는데, 이와 달리 고고학 연구, 유적·유물의 과학적 조사와 연구를 표방해 조직하고 활동한 연구회가 있다.

부산고고회

그것은 쇼와 6년 9월 12일에 발족한 부산고고회釜山考古会였다.[6] 부산고고회는 "부산을 중심으로 고고학에 관한 연구 및 그 취미의 보급을 목적"으로 했으며, 연구 발표, 연구 여행, 연구 자료의 수집 공개, 보존 방법 소개, 강연회 개최 등을 활동 목적으로 삼았다. 사무소는 '부산 스테이션 호텔'에 두고, 간사로는 미야카와 하지메宮川肇·오이카와 다미지로及川民次郎·오마가리 미타로大曲美太郎가 이름을 올리고 회원 20여 명으로 발족했다.

발족 즉시 활동을 시작한 고고회는 10월 10일부터 15일간 〈고고학 자료 전람회考古学資料展覧会〉(장소는 하쿠분도쇼텐博文堂書店)를

— [6] 부산고고회의 발족에 관한 여러 사정들은 『돌멘ドルメン』, 쇼와 7년 7월호(제4호)의 「학회 휘보学会彙報」에 기록되어 있다. 이후의 부산고고회 활동은 『돌멘』에 실린 부산고고회 관련 기사로 알 수 있다.

개최했다. 그리고 전람회 소개 자료로 고와와 토기가 중심이 된 『목록目錄』(반지半紙 75매)을 작성 배포했다. 『목록』에는 출품된 유물의 '채집지나 출토지'가 기록되어 있었다고 한다.

쇼와 7년 1월에는 연구 발표 모임이 열렸고, 미야카와 하지메의 「조선의 파와에 보이는 문양 연구朝鮮の巴瓦に現れたる文樣の研究」 등이 발표되었다.

부산고고회는 부산에 기반을 둔 민간 연구 단체로, "일본 내지에서 조선에 온 고고학자는 부산에 특정한 종류의 토기가 출토되는 패총이 현존하는 것에 주의하지 않는다"고 주장하며 부산 주변에 있는 패총에 대해 주의를 환기시켰다는 점에서 주목할 만하다. 부산고고회가 계획한 연구의 하나로 '조선의 토기 및 도자기朝鮮の土器及び陶磁器'를 들 수 있다. 그 성과의 일단은 〈조선 도기 전람회朝鮮陶器展覽会〉(쇼와 7년 6월 10일~22일)로 발표되었다. 전람회에는 "패총 토기貝塚土器, 신라소식 토기新羅燒式土器, 신라소新羅燒, 고려소高麗燒, 이조소李朝燒"가 "수백 점" 전시됐는데, 특히 '동삼동'에서 출토된 '즐목문토기와 융기문토기(?)'와 '전라남도 강진군 대구면 각지의 요지'에서의 수집품이 이목을 끌었다.

이 전람회 때 고고회는 『조선 도자朝鮮陶磁』를 출판 배포했다.[7] 부산고고회는 '부산 사적 답사회釜山史蹟踏査会'를 주최해 부산 성

• 243×333mm 크기의 종이.

지를 견학하는 등 각 방면에서 적극적으로 활동했다.

부산고고회는 쇼와 7년 9월~8년 8월에 강연회 10회, 좌담회 8회를 개최했는데, 이때 부산고고회 회원 외에 아마누마 슌이치天沼俊一·하마다 고사쿠·미즈노 세이이치·후지시마 가이지로藤島亥次郎·시마다 사다히코·구로이타 가쓰미라는 쟁쟁한 학자의 이름이 등장했다. 특히 구로이타가 두 번의 좌담회에 참석해 "부산에는 임나문화를 말해주는 박물관이 반드시 필요"하며, "부산고고회 회원은 그 실현을 위해 노력해야 한다"고 말한 것이 눈에 띈다. 구로이타의 이러한 제안은 부산고고회의 활동 방향을 제시하는 발언으로, 간과하면 안 될 것이다[『돌멘』, 쇼와 8년 10월호, 「학회 휘보」].

부산고고회는 쇼와 8년 9월 4일 세키노 다다시가 '삼국시대의 중국 남북조 문화의 영향三国時代に於ける支那南北朝文化の影響'이라는 제목으로 강연한 데 이어, 10월 12일에는 아마누마 슌이치, 10월 30일에는 하마다 고사쿠, 11월 5일에는 우메하라 스에지, 11월 8일

— 7 『조선 도자』는 '국판 70쪽, 삽화 10여 매'로 구성된 '100부 한정판'이었다. 차례를 보면 「서문」(다카스가 토라오高須賀虎夫), 「조선 선사시대 토기 개설朝鮮先史時代土器概説」(오이카와 다미지로), 「신라소 개설新羅燒概説」(우에다 오노사부로植田斧三郎), 「고려시대의 도자기高麗時代の燒物」(미야카와 하지메), 「이조시대의 도자기李朝時代の陶磁器」(우에야마 세츠上山節) 등의 논문 외에 「조선 도자 전람회 목록朝鮮陶磁展覧会目録」, 「전람회 도자기편 고요지 일람표展覧陶片古窯址一覧表」 및 「부산고고회 회칙釜山考古会会則」 등이 수록되어 있다.

에는 야시마 교스케矢島恭介를 초청해 회합을 개최했다.

이렇게 '내지'의 고고학자를 초청해 활발하게 활동했던 부산고고회는 핵심 인물인 미야카와 하지메가 쇼와 9년 4월 '평양 철도 호텔'로 전근을 간 이후 별다른 소식을 전하지 못했다. 미야카와는 부산고고회 발기인의 한 사람으로 간사를 담당했으며, 부산고고회의 강연회·좌담회 등은 미야카와가 중역으로 근무했던 '부산 스테이션 호텔'에서 개최되었고 사무소도 그곳에 있었다. 미야카와의 전근은 부산고고회 사무소의 이전, 중심적 인물의 교대로 이어진 듯하다. 3년이라는 짧은 시간의 활동으로 부산고고회의 존재는 '조선고고학사'에만 그 기록이 남아 있다[니시타니 다다시西谷正, 「부산고고회—조선고고학사를 다루며釜山考古会のこと—朝鮮考古学史にふれて—」, 『후쿠오카고고간화회 회보福岡考古懇話会会報』 제11호, 쇼와 57년(1982) 12월].

조선고고학회

그 외에 조선의 고고학 학회로는 조선고고학회朝鮮考古学会가 있다.

조선고고학회의 대표는 후지타 료사쿠로, 사무소는 '경성부 동숭정 201-4'에 있었다. 이 학회의 활동에 대해서는 대표인 후지타의 글에도 나오지 않기 때문에 그 실태는 명확하지 않다. 조선고고학회는 『조선 고고 도록朝鮮考古図録』 전 2권을 간행했다.

제1권은 『시라가 주키치 씨 수집품 고고품 도록白神寿吉氏蒐集

考古品図錄』이다. 그 판권지에 '편집인 겸 발행인 조선고고학회 대표 후지타 료사쿠'로 나와 있으며, 권두에 「서문」이 있다. 후지타가 쓴 것으로 '쇼와 16년 5월 21일'로 기록되어 있다. 인쇄·납본이 '쇼와 16년 7월 1일'과 같은 달 '5일', 발행이 '쇼와 16년 11월 20일'로 되어 있는 것으로 보아 인쇄 직전에 집필해 인쇄소(구와나분세이도桑名文星堂, 교토시 나카구中区)에 도착한 듯하다. 그에 의하면 시라가는 '평양공립여학교'의 교장을 역임하고, 후에 '경성사범학교', '대구여자고등보통학교'의 창립에 관여하는 등 교육계에서 활약한 인물이었다. 전문 분야는 식물학이었는데, '평양'에 있을 때 "낙랑문화의 선전과 그 학술적 조사의 필요를 주창"해 '낙랑 박사'라는 경칭을 가지고 있었다.

다이쇼시대 초반에 세키노 다다시 등이 낙랑에 대한 조사를 시작한 이래 조선총독부박물관, 도쿄 제국대학 문학부, 조선고적연구회가 연구를 계속해나가 큰 성과를 얻었다. 이사이 시라가는 "낙랑문화를 알리는" 동시에 "고위직이든 하위직이든 가리지 않고 관리들을 끊임없이 설득해 조사의 긴급함과 보존의 필요를 역설"하는 등 "열정과 실행력이 넘치는 사람"이었다고 한다. 이러한 시라가의 '평양', '대구' 주재 시절의 수집품을 수록한 책이 『조선고고 도록』 제1권이다. 이 책은 시라가가 '쇼와 15년 6월 환갑'을 맞이한 것을 계기로 간행되었다.

쇼와 19년 5월, 『조선 고고 도록』 제2권으로 『스기하라 초타로 씨 수집품 도록杉原長太郞氏蒐集品図録』이 간행되었다. 발행인은 조선고고학회, 저자는 후지타 료사쿠로, 시라가가 「서문」을 썼다. 서문에 따르면 스기하라는 '대구'의 스기하라합자회사杉原合資会社 사장으로, '경상북도 도회 의원·대구부회 부의장'이었다. 수집품은 "금석병용시대부터 낙랑·고구려·신라", "고려·이조" 시대의 "고고 유물" 등에 이르렀다.

이 도록의 "인쇄·발행은 소장자 스기하라 씨의 본회에 대한 원조와 시라가 씨의 배려에 큰 도움을" 받았고, 출판은 우메하라 스에지, 교정은 고바야시 유키오가 담당했다. 유물 조사는 가야모토 가메지로, 기획과 도판 작성, 해설은 후지타가 담당했다.

조선고고학회는 이렇게 두 권의 도록을 간행했다. 모두 대형판인 '국배판(23.5cm×30.5cm)'으로, 도판은 모두 콜로타이프를 사용했으며 교토의 구와나분세이도에서 인쇄했다. 그러나 내가 알기로 그 이외의 간행물은 없다.

『조선 고고 도록』은 일본인이 '조선'에서 수집한 유물의 카탈로그로 편집되었던 듯하다. 따라서 조선고고학회는 도록 간행을 목적으로 조직된 연구회로, 후지타가 친교를 맺고 있던 사람들의 협력으로 만들어진 듯하다. 두 권의 도록에서 조선고고학회는 일반적인 학회와는 취지가 다르다는 것을 짐작할 수 있다.

그 외의 연구자

한편 민간인의 신분으로 조선의 고고학 연구에 열의를 불태운 사람들이 있었다.

그 대표적인 인물이 '경성'에 주재했던 요코야마 쇼자부로橫山將三郎이다. 요코야마는 특히 선사시대에 관심을 가지고 많은 보고를 남겼다. 그중에서도 함경북도 유판 패총油坂貝塚, 경상남도 부산 절영도絶影島(목도牧島) 동삼동 패총의 조사는 즐목문토기의 내용을 심화시켰는데, 그는 경성 웅봉 유적을 비롯한 구릉지대의 유적 조사도 시도했다.[8]

또한 그 무렵 평양에 주재했던 가사와라 가라스마笠原烏丸는 평양을 중심으로 선사시대부터 고구려시대에 걸친 유물에 주목하여 논문을 집필하고 '내지'의 잡지에 기고했다(「평양 부근에서 출토된 고구려 벽돌에 관하여平壤付近出土の高句麗の塼に就いて」, 『고고학 잡지』 제26권 제3호, 쇼와 11년 11월. 「조선의 찰절 석기에 관하여朝鮮の擦切石器に就て」, 『고고학 잡지』 제27권 제12호, 쇼와 12년 12월).

---

[8] 요코야마의 조선 '선사'시대에 관한 논문은 다수가 있는데, 「부산 절영도 동삼동 패총 조사 보고釜山絶影島東三洞貝塚調査報告」(『사전학 잡지』 5-4, 쇼와 8년 8월)가 대표적인 것이다. 부제가 '조몬식 계통과 조선 대륙과의 관계縄紋式系統と朝鮮大陸との関係—'라고 되어 있어, 요코야마의 연구 의도를 엿볼 수 있다. 또한 「조선의 사전 토기 연구朝鮮の史前土器研究」(『인류학·선사학 강좌人類学·先史学講座』 9, 쇼와 14년 6월, 유잔카쿠 출판)는 연구의 종합으로 매우 흥미롭다.

한편 이러한 조선의 관과 민간의 고고학에 대해 최근 통렬한 비판이 이루어지고 있는 것에도 관심을 가져야 할 것이다[이구열李亀烈, 남영창南永昌 역, 『한국 문화재 비화失われた朝鮮文化』, 헤이세이 5년 (1993) 12월, 신센샤].

더 서쪽으로
― '만주국'

'만주'와 동아고고학회

'만주국'과 동아고고학회

중국의 동북 3성―랴오닝·지린吉林·헤이룽장黑龍江―과 네이멍구 자치구內蒙古自治区(내몽고자치구)에 이르는 지역은 중국 '동북'이라 불리는데, 과거 이곳에 일본의 식민지 '만주국滿州国'이 세워졌다. 쇼와 7년 3월 부의溥儀를 집정으로 건국된 만주국은 쇼와 28년 8월에 멸망했다. 건국 시의 원호는 '대동大同'이고, 3년 후에는 '강덕康德'이 사용되었다. '대동'은 2년간, '강덕'은 12년간 사용되었다.

'만주' 지역에 대한 고고학적 조사는 이미 메이지 20년대 후반(1892~1896)에 도리이 류조가 시행한 적이 있었는데, 이후 다이쇼시대에 이르기까지 여러 차례 이루어졌다. 그리고 메이지 43년부터 하마다 고사쿠, 다이쇼 7년(1918)부터 야기 소자부로가 '만주로' 건너가면서 조사가 점차 본격화되었다.

그러나 아직 표면 조사[9]가 중심으로, 본격적인 발굴 조사를 실시하는 데까지는 이르지 않았다.[10]

동아고고학회가 발족하면서 조직적이고 본격적인 발굴 조사가 시작되었다(동아고고학회의 보고서인 『동방고고학 총간』은 갑종 6책, 을종 8책이 간행되었다). 그 가운데 대표적인 것은 쇼와 2년의 비자와, 3년의 목양성, 4년의 남산리, 6년의 영성자 등이다.

쇼와 2년 3월에 발회식을 한 동아고고학회는 "동아 제방에서의 고고학적 연구 조사를 목적으로" 했다. 학회는 발족한 바로 그 해에 랴오닝성 푸란뎬 부근을 발굴했는데, 이미 다이쇼 14년 가을에 학회는 조직되어 있었다. 그리고 다이쇼 15년 8월자로 동아고고학회(상무위원 하마다 고사쿠·하라다 요시토, 간사 시마무라 고사부

---

9 '관둥저우'의 고고학적 조사는 다치바나 세이치로立花政一郎(『관동주 원시 습유関東州原始拾遺』, 다이쇼 5년 10월, 오사카야고쇼텐大阪屋号書店) 등 민간 연구자에 의해 이루어졌다.

10 '만주'의 고고학사에 대해서는 미야케 슌조三宅俊成의 『만주 고고학 개설満州考古学概説』[강덕 11년(1944), 리롄李蓮(이련) 역, 『중국 동북 지구 고고학 개설中国東北地区考古学概説』, 1989년], 동 『동북아시아 고고학 연구東北アジア考古学の研究』(쇼와 50년), 동 『재만 26년—유적 탐사와 내 인생을 회상하다在満二十六年—遺跡探査と我が人生の回想』(쇼와 60년 12월, 미야케 중국 고문화 조사실三宅中国古文化調査室), 동 『중국 동북 유적 탐방中国東北遺跡探訪』(헤이세이 4년 9월, 동북아세아고문화연구소東北細亜古文化研究所)에 자세하게 설명되어 있는데, 미즈노 세이이치의 『동아 고고학의 발달』이 좀더 상세하다.

로)에서 외무대신(남작 시데하라 기주로) 앞으로 '비자와 조사 조성금 요청서'를 제출했던 것이다.

'만주국'과 고적 보존회

쇼와 7년에 건국된 '만주국'은 건국 2년 후인 대동 2년(1933) 7월 1일자로 〈고적 보존법古蹟保存法〉을 제정해 공포했다. 이 법은 강덕 원년(1934) 3월에 수정되어 그후 오랫동안 '만주국'에서 사용되었다.

그리고 '만주국 국무원 문교부國務院文敎部'는 강덕 3년 이후 '고적 고물'을 "전국적으로 조사"했다. 그 보고서는 "80편에 달하였는데", 주요한 간행물은 다음의 5권이다.

> **만주국 고적 고물 조사 보고서**滿州国古蹟古物調査報告書
> 제1편 『금주성 고적錦州省の古蹟』(야기 소자부로)
> 제2편 『고고학으로 본 열하考古学上より見たる熱河』(시마다 사다히코)
> 제3편 『간도성 고적 조사 보고間島省古蹟調査報告』(도리야마 기이치鳥山喜一·후지타 료사쿠)
> 제4편 『길림·빈강 양성의 금대 사적吉林·浜江両省に於ける金代の史蹟』(소노다 가즈키園田一亀)
> 제5편 『연길 소영자 유적 조사 보고(상)延吉小营子遺跡調査報告(上)』(후지타 료사쿠)

'만주국'의 문화재 행정은 〈고적 보존법〉을 바탕으로 이루어졌는데, 그 업무를 담당한 것은 민생부民生部(후에 문교부)로, 미야케 슌조가 강덕 7년(1940)부터 문화재 조사 위원(겸 보존 협회 주사)으로 활동했다.

동아고고학회는 '만주국' 건국 후에도 활발한 조사 활동을 이어나가, 대동 2년에 양터우와(양두와)·도쿄성(제1차), 강덕 원년에 도쿄성(제2차), 2년에 츠펑 훙산허우(적봉 홍산후) 등을 발굴했다.

'만주국'의 고고학 조사

만주국 건국 후 '만주' 각지에서 '만주국 국무원 민생부(문교부)'와 각 성·박물관을 비롯해 동아고고학회, 만몽학술조사연구단滿蒙学術調査研究団, 만일문화협회滿日文化協会, 일본학술진흥회 등 일본의 관과 관련된 조사단들이 고고학 조사를 수행했다.[11]

쇼와 15년 10월 만일문화협회는 이케우치 히로시에게 푸순撫順(무순)에 있는 고구려 북관산성지北関山城址의 조사를 위탁했다. 쇼와 13년에 있었던 이케우치의 답사로 북관산성지가 중요한 유적이라는 것이 판명되었기 때문이다.

---

11 개인적 조사로는 미야케 슌조의 업적이 잘 알려져 있으나, 사이토 진베에斎藤甚兵衛, 『반랍성—발해의 유적 조사半拉城—渤海の遺跡調査』[강덕 9년(1942) 11월, 만주국 간도성琿春県公署], 사이토 유斎藤優(진베에), 『반랍성과 그 외의 사적半拉城と他の史蹟』(쇼와 53년 1월, 반랍성지간행회半拉城址刊行会)도 등한시할 수 없다.

이케우치는 미카미 쓰기오 및 고야마 후지오小山富士夫 등과 함께 조사대를 조직하고, '만주국' 측의 미야케 무네요시·사이토 다케이치斉藤武一·리원신(이문신李文信)·와타나베 산자渡辺三三 등의 협조를 받아 조사를 실시했으며, 제2차 조사는 쇼와 19년 5월에 실시되었다.[12]

또한 강덕 10년(쇼와 18년, 1943) 5~7월에 제1차, 다음 해 5월에 제2차 발굴 조사가 실시된 동몽골(흥안총성 임동興安総省林東)의 조주성지祖州城址에 대한 조사도 관심을 끈다.

조주성지는 요대遼代의 성지로 여겨졌는데, '만주국 흥안총성 린둥(임동) 사적 보존관満州国興安総省立林東史蹟保存館' 주관하에 시마다 마사오島田正郎를 중심으로 와지마 세이이치和島誠一 외 '만주국' 측의 오우치 다케시大内健 등이 참가해 발굴을 진행했다. 이미 뮬리Jos. Mullie가 이곳을 조주성지로 추정했으며, 그후 다무라 지쓰조의 답사와 연구로 거의 정설화되어 있었다.[13]

이 조사단들 가운데 동아고고학회의 역할은 컸다.[14] 또한 만

---

12 미카미 쓰기오·다무라 고이치田村晃一, 『북관산—고구려 산성·고구려 '신성'의 조사北関山—高句麗山城·高句麗'新城'の調査』(헤이세이 5년)

13 2년에 걸친 조주성지 발굴 결과에 대해서는 시마다 마사오, 『조주성—동몽고 몬쵸크 아고라에 있는 요대 고성지의 고고학적·역사학적 발굴 조사 보고祖州城—東蒙古モンチョックアゴラに存する遼代古城址の考古学的歴史学的発掘調査報告—』로 발표되었다(쇼와 31년 1월).

14 동아고고학회는 '만주국'에서 발굴 조사를 수행한 것 외에도 쇼와 6년과 10년 두 차례에 걸쳐 '몽고 조사반'을 '내몽고 시린궈러(석림곽이)

일문화협회가 주관해 실시한 요3릉遼三陵(성종聖宗·홍종興宗·도종道宗) 조사[다무라 지쓰조·고바야시 유키오, 『경릉慶陵』, 쇼와 28년, 29년 (1954). 다무라 지쓰조, 『경릉의 벽화慶陵の壁画』, 쇼와 52년 12월, 도호샤 출판. 『경릉 조사 기행慶陵調査紀行』, 헤이세이 6년 7월, 헤이본샤]는 교토 제국대학 소속 학자들이 실시한 것이다.

이렇게 '만주국'의 고고학은 동아고고학회라는 일본의 관학 단체 주도로 이루어졌으며, 국립중앙박물관 펑톈奉天(봉천) 분관·하얼빈박물관을 비롯해 각지에 설립된 보존관(랴오양遼陽·푸순·무단장성 동경성牡丹江省東京城·린둥), 향토관[진저우金州(금주)]·보물관[러허熱河(열하)] 등의 운영도 마찬가지였다. 특히 조차지인 관둥저우의 뤼순박물관에는 시마다 사다히코[15](전 교토 제국대학 고고학 교실 조수, 강사)가 주사로 활약하고 있어, '내지'와 '만주국'과의 고고학 교류에 큰 역할을 하고 있었다. 또한 조선에서 그랬듯 일본학술진흥회가 고고학 조사에 깊이 관여하고 있었다는 데에도 주목해야 한다.

 지방 및 우란차부(오란찰포) 지방'에 파견했다. 『몽고고원 횡단기』(쇼와 12년, 증보판, 쇼와 16년 9월, 니코쇼인日光書院)는 그 기록이다. 이 답사 중의 경험(에가미 나미오)이 만일문화협회의 요3릉 – 경릉 조사의 직접적인 계기가 되었다.
15 시마다 사다히코, 『고고 수필 계관호考古随筆 鷄冠壺』(강덕 11년)는 '만주국'의 고고학을 살펴볼 때 미야케 슌조의 『만주 고고학 개설』(강덕 11년)과 함께 당시의 사정을 이야기해주는 귀중한 문헌이다.

'만주국' 강덕 11년의 고고 사정

강덕 11년의 고고학 서적

'만주국'의 수도 '신징新京(신경)'[창춘長春(장춘)]에서 두 권의 고고학 서적이 출판되었다. 미야케 슌조의 『만주 고고학 개설』[16](B6판, 권두 도판 8페이지, 본문 245페이지, 6월 28일 발행, 신경특별시 중앙통 6번지 만주사정안내소新京特別市中央通六番地·滿州事情案內所)과 시마다 사다히코의 『고고 수필 계관호』[17](B6판, 권두 도판 8페이지, 본문 285페이지, 10월 25일 발행, 신경특별시 풍락로新京特別市豊樂路 510호, 만주시대사滿州時代社)다. 두 책 모두 3,000부가 간행되었다.

같은 해, '내지'에서 출판된 고고학 단행본으로는 오야마 가시

---

[16] 내가 이 책의 존재를 알게 된 것은 쇼와 30년 무렵이었다. 도쿄 간다의 고서점에서 보았으나 고가라서 구입할 수 없었다. 메모를 하기 위해 다음 날 방문했을 때 이미 책은 팔리고 없었다. 그후 많은 선학들에게 물어보았으나 이 책을 소장하고 있는 사람이 드물었다. 그 몇 안 되는 사람 가운데 하나가 히라이 히사시平井尙志다. 히라이는 '신징'의 서점에서 책을 구입했다는데, 당시 '만주'의 학자도 별다른 관심을 보이지 않았다고 한다. 또한 "거의 내지에는 들어오지 않았다"고 한다. 최근 나는 우연한 기회에 이 책을 입수했다.

[17] 이 책 역시 진본에 포함될 것이다. 예전에 쓰노다 분에이가 『고대문화古代文化』에서 시마다 사다히코 특집을 기획할 때 여기저기 찾아보았으나 소장하고 있는 사람을 찾지 못했다고 한다. 『고대문화』(제37권 제7호, 1985년 7월)에 소개된 책은 교토 대학 고고학 교실 소장본이다.

와의 『기초 사전학』, 우메하라 스에지의 『동아 고고학 논고(1)東亞考古学論攷(一)』, 고토 슈이치의 『하니와 이야기埴輪の話』, 『선조의 생활祖先の生活』 외에 이시다 모사쿠의 『총설 아스카시대 사원지 연구總説飛鳥時代寺院址の研究』와 다카이 데사부로高井悌三郎의 『히타치 노쿠니 니하리군 상대 유적 연구常陸国新治郡上代遺跡の研究』가 있다.

미야케의 책은 '강덕 9년'(1942)에 '만주국 민생부 및 만주고적보존협회 합동 주최 강습회'의 강연 기록을 바탕으로 편집한 '만주 고적 고물 연구 입문서'이며, 시마다의 책은 '대동 원년'(1932) 이래 '만주' 뤼순박물관에서 연구에 종사해왔던 그에게 "기념비적인" 소논문집이었다.

한편 '강덕 11년'에는 전년도에 발행된 주목할 만한 고고학 도록이 널리 소개되었다. 바로 『뤼순박물관 도록旅順博物館図錄』[18] (A4판, 도판 128, 도쿄, 자우호간코카이)으로 미키 후미오三木文雄의 노력의 산물이었다.

두 권의 고고학 서적과 한 권의 고고학 도록은 '강덕 11년'과 그 전해, 즉 '만주국'이 없어지기 직전에 간행된, 일본인에 의한 '만주국' 고고학 조사 연구의 마지막 흐름을 상징하는 것이나 지

---

18 뤼순박물관 도록에는 몇 종류가 있다. 후지에다 아키라藤枝晃의 「뤼순박물관전에 즈음하여旅順博物館展によせて」(『뤼순박물관 소장품전—환상의 서역 컬렉션旅順博物館所蔵品展—幻の西域コレクション—』[헤이세이 4~5년(1992~1993)])을 참고했다.

금 일반인들에게는 알려지지 않고 잊혀가는 듯하다.

미야케 슌조와 고고학

'만주국'은 건국 다음 해(대동 2년)에 〈고적 보존법〉을 제정했는데, '강덕 원년'에 그 일부를 수정해 3월에 칙령 제11호로 공포했다. 여기서 고적은 "고분古墳·성채城寨, 봉수대, 역참, 묘우廟宇, 도요 등의 유적지, 전적戰績 및 그 외 사실史實에 관계된 유적 및 패총, 석기, 토기, 골각기류가 매장된 선사 유적"(제1조)을 말하는데, "고적을 발견한 사람은 지체 없이 북만특별구北滿特別区 장관, 특별시장, 현장県長 또는 시장과 그에 준하는 관서의 장관에 제출할 것"(제2조)이라고 규정되었으며, 또한 "고적을 손괴 또는 훼기하는 자는 5년 이하의 유기징역 또는 1000원 이하의 벌금에 처한다"(제13조)고 정해져 있다.

그리고 '강덕 4년 10월 5일자' 민생부 훈령 제43호로 "고적의 철저한 보존에 관한 건古蹟ノ保存徹底ニ関スル件"("들리는 소문에 의하면 근래 고적, 특히 고묘 혹은 선주先住 유적 등을 무허가로 발굴해 그 발굴품 및 묘지명 등을 은닉하는 자 또는 고물상 또는 중매인에게 팔거나 은밀하게 국외로 반출하는 자가 있는데, 만약 사실이라면 매우 유감으로…")을 공포했는데, 이는 〈고적 보존법〉의 공포에도 불구하고 유적 도굴이 끊이지 않았다는 것을 보여주는 것이다.

'강덕 9년'은 '만주국' 건국 10년에 해당하는데, 이해 4월 만주국 고적고물명승천연기념물보존협회古蹟古物名勝天然記念物保存協会 주사를 맡게 된 미야케 슌조는 협회와 민생부가 공동 주최한 강습회에서 '만주국'의 고고학에 대해 강연하기도 했다.

이미 '만주국' 국무원 문교부는 전문가에게 위촉해 국내의 고적 조사를 실시해 『만주국 고적 고물 조사 보고서』(제1~5권)를 발간하는 한편, 각지에 박물관·고물 보존관을 설치했다. 뤼순박물관, 국립중앙박물관 펑톈 분관·하얼빈박물관·지안輯安(집안) 고구려박물관 외, 진저우향토관, 푸순고물보존관 등이 그것이다. 국립중앙박물관의 『시보時報』, 펑톈도서관의 『총간叢刊』을 비롯한 출판물에는 고고학과 관련한 논문·보고가 많이 발표되어, 도리이 류조·세키노 다다시·야기 소자부로 그리고 하마다 고사쿠·하라다 요시토·무라타 지로村田治郎·미즈노 세이이치·고마이 가즈치카·미카미 쓰기오·에가미 나미오 등의 업적과 함께 '만주국'의 고고학 내용이 상당 부분 알려져 있었다.

미야케는 선배들의 이러한 연구에 더해 자신의 연구 결과를 바탕으로 '만주 고고학'을 조망했다.

「만주 고고학 개설」

『만주 고고학 개설』은 앞에서 말한 미야케의 강연을 바탕으로 정리한 책이다.[19] 제1장 서설(제1절 지구와 인류, 제2절 고고학의 정의), 제2장 만주의 선사고고학(제1절 개설, 제2절 만주의 구석기시대, 제3절 만주의 신석기시대, 제4절 만주의 금석병용기시대), 제3장 만주의 역사 고고학[제1절 개설, 제2절 유적과 유물(1. 성터 2. 와전 3. 분묘 4. 회화 5. 조각 6. 공예), 제3절 유적 유물의 분포(1. 성지의 분포 2. 고사묘古寺廟의 분포 3. 고탑古塔의 분포 4. 고비古碑의 분포)], 제4장 만주의 고고학사(제1절 개설, 제2절 답사 시대, 제3절 본격적 조사 발굴 시대), 제5장 만주의 박물관 및 고물 보존관, 제6장 고적 고물 보존론과 부록(만주국의 고적 등에 관한 법규)으로 구성되어 있다.

현재의 관점에서 볼 때 이 책의 내용이 충분하다고 할 수는 없지만, 보존협회의 주사로서 또한 조사 위원으로 진력했던 미야케로서는 전력을 쏟아부은 저작이었다고 할 수 있을 것이다.

『만주 고고학 개설』은 출판 후 45년이 지난 헤이세이 원년 5월에 지린성박물관의 리롄이 중국어로 번역한 『중국 동북 지구 고고학 개설』이라는 제목으로 동북아세아고문화연구소[20]에서 간행되었다.

이 책은 시대를 선사와 역사로 대별하고 있는데, 당시 일본인 고고학자들은 이러한 구별법을 공통적으로 채택하고 있었다. 역사시대의 개시를 한漢 문화로 보고, 이후 고구려·발해·요·금·원

---

19 미야케는 「서문」에서 "나중에 전문적인 '만주 고고학 연구서'를 간행하고 싶다'고 했는데, 결국 『동북아시아 고고학 연구東北アジア考古学の研究』(쇼와 50년 11월, 국서간행회国書刊行숲)를 발간해 숙원을 이루었다.

20 치바현 후나바시시 마루야마千葉県船橋市丸山 4123-14, 미야케의 자택에 설치되어 있다.

그리고 명·청대도 염두에 둔 것으로, 역사시대 연구에서 성·고사묘·고탑·고비의 분포를 중요하게 다루는 것은 하나의 중요한 견해로 보아야 할 것이다. 선사시대와 관련해서도 그 무렵 화제가 되었던 구석기를 다루며 토기를 논하고 거석문화에 주목한 것은 금석병용시대에 대한 설명과 더불어 저자의 관심을 보여주는 내용이라고 할 수 있을 것이다.

이 책이 '만주국'의 고고학 자료로 중요한 것은 특히 '만주 고고학사'를 정리하고 있고, '만주의 박물관 및 고물 보존관'의 현황을 소개하고 있으며, '만주국의 고적 등에 관한 법규'를 부록으로 싣고 있기 때문이다. 이 책은 괴뢰국가 '만주국'이 어떠한 법을 가지고 고적 보존에 임했는가를 잘 보여준다. 〈고적 보존법〉은 간단하지만 그 제정 배경을 생각하기에는 충분한 조문으로 구성되어 있다.

'만주국'이 건국된 대동 원년(1932, 쇼와 7년)에 교토 제국대학 고고학 교실에서 뤼순박물관으로 옮긴 시마다 사다히코의 『계관호』에는 "고고 수필"이 책 제목 앞에 달려 있다. 시마다가 근무한 '뤼순박물관'은 '관동도독부 만몽박물관'(1917년 4월 창립)의 전신인 '관동청박물관'(1919년 4월 12일 창립)이 '강덕 원년'에 개칭된 것이다.

하마다 고사쿠의 '충실한 조수'였던 시마다는 그후 일본이 항복할 때까지 '뤼순박물관'을 거점으로 활동했다.

「고고 수필 계관호」

『계관호』도 앞의 『만주 고고학 개설』과 함께 '만주국의 고고학'을 살펴볼 때 등한시할 수 없는 책이다. 뤼순박물관은 그 역사와 위치로 말미암아 '만주국'과 일본 '내지' 사이에 교류된 정보의 접점 역할을 하고 있었다. 그렇게 된 데에는 '교토대의 시마다'의 역할이 큰데, 사실 그 이전부터 동아고고학회의 활동 거점이었다는 것에 주목해야 한다.

시마다에게 뤼순박물관은 '만주국' 고고학 정보의 발신 기지였다. 그것은 '만주국'의 고고학에 관심을 가진 모든 고고학자에게도 마찬가지였다.

『계관호』에 수록된 모든 논문이 그 사실을 말해주고 있다. 「뤼순박물관 풍경旅順博物館風景」을 권두에 두고, '관둥저우'의 유적·유물에 대하여 이야기하며 '만주 고고학'의 역사와 추세를 논하고 발굴 실정과 기행문을 배치했다. 이어서 세키노 다다시·하마다 고사쿠와 '만주'고고학, 도리이 류조와 야기 소자부로에 대한 글은 이 책이 작은 책이기는 하지만 '만주국의 고고학'을 검토하는 데 불가결하다는 것을 말해준다.

뤼순 시가지의 서항 주변에 흰 벽의 큰 건물이 우뚝 솟아 있다. 러시아 통치 시대의 미완성 가옥半成家屋을 이용해서 만든 근세 복고식 건축으로 다이쇼 7년에 준공되었는데, 관동주청이 설립되면서 이것은 뤼순박물관이 되었다…(시마다,「뤼순박물관 풍경」).

이렇게 시마다가 소개한 뤼순박물관의 도록(관동국関東局 편찬,『뤼순박물관 도록』, A4판, 도판 128, 쇼와 18년 9월, 도쿄, 자우호간코카이)이 새로이 간행되었다.

이 박물관의 전신인 관동청박물관 시절에 이미『박물관 진열품 도록博物館陳列品図録』(가로 사륙배판, 도판 50, 다이쇼 14년 3월) 및『관동청박물관 도록関東庁博物館図録』(국판, 도판 80, 쇼와 8년 7월)이 출판되었으며, 쇼와 9년에 뤼순박물관으로 개칭되고 그다음 해에『뤼순박물관 진열품 도록旅順博物館陳列品図録』(국판, 도판 115)이, 1937년에『뤼순박물관 진열품 해설旅順博物館陳列品解説』(국판, 80페이지)이 간행되었다.

A4판으로 300부를 간행된 이 도록은 판·페이지·질 모두에서 이전의 도록을 능가하는 것으로, 특히 뤼순박물관이 세계에 자랑하는 "오타니 컬렉션"의 많은 부분이 소개되었다는 점이 눈길을 끈다. 미키 후미오가 즉시『고고학 잡지』(제34권 제5호, 쇼와 19년 4월)의「서평」에 이 도록을 다루었던 것은 당연한 일이었다고 말할 수 있다.

내지의 발굴 보고

'강덕 11년'의 '만주국' 및 '관둥저우'의 고고학계를 살펴보면, 시마다 사다히코와 미야케 슌조가 각각 오랜 기간 진행해온 연구 성과의 일단을 연이어 단행본으로 간행하고, 고마이 가즈치카·시마다 마사오·와지마 세이이치 등이 랴오양의 한대 벽화고분 제3차 조사를 실시하였다.

'만주국'에서 두 권의 책이 간행되었는데, '내지'에서도 관련된 두 권의 책이 간행되었다. 무라다 지로의『만주의 사적滿州の史蹟』(국판, 도판 100, 본문 572페이지, 5월 5일, 자우호간코카이)과 야기 소자부로의『증보 만주 고고학增補滿州考古學』(국판, 도판 25, 본문 680페이지, 5월 30일, 오기와라세이분칸荻原星文館)이다. 앞의 책은 3,600부, 뒤의 책은 2,000부가 발행되었다. 이 두 권은 만주를 주제로 한 책으로, 무라다와 야기는 모두 오랫동안 현지 조사를 수행한 학자들이다.

무라다는 "만주국의 건국 십주년을… 축하하고 싶은 희망"에서 책을 집필했다고 말한다. 야기의 저서는 이전의『만주 고고학滿州考古學』(국판, 도판 25, 본문 620페이지, 쇼와 3년 6월, 오카쇼인)의 "증보"판이다. 권말 부록인 기요노 겐지淸野謙次의「선진 고고학자로서의 야기 소자부로先進考古學者としての八木奘三郞」에는 야기의 만주 지역 연구서로 이름 높은『만주구적지滿州舊蹟志』(상·하),『속만주구적지續滿州舊蹟志』등의 선구적인 업적 등이 소개되어 있다. 야기의 책은 16년 전에 간행된 논문집의 증보판이었으나 무라다의 책은 새로 쓴「개설」과「각설」로 구성되어 있다. 하나는 학사에 관

한 것이고 또 하나는 새로운 식견으로 최신 성과를 설명하고 있는 대조적인 저작이지만, 각각 중요한 의미를 가지고 있다.

'신징'과 도쿄에서 연이어 간행된 책들은 '만주국'과 밀접한 관련을 가지고 있으며, '강덕 11년' '만주국의 고고학'의 상황을 잘 보여준다고 할 수 있다.

'북지'와 멍장 고고학

'북지'의 고고학 조사

예전의 '차하얼察哈爾(찰합이)'과 '쑤이위안綏遠(수원)' 두 성 및 산시山西(산서)의 북부는 '멍장蒙疆(몽강)'으로 칭해졌으며, '북지'라고도 불렸다.

이 지역의 고고학적 조사에 일본 학자가 관계한 것은 메이지 41년(1908)으로 거슬러 올라가는데, 이때 참여한 이가 도리이 류조다. 그러고 나서 오랫동안 사람들의 관심 밖에 놓여 있다가 쇼와 5년 동아고고학회 유학생이었던 에가미 나미오와 미즈노 세이이치가 '몽고 및 중국 북변'을 답사해 세석기·청동기 및 승석문토기에 관한 지식을 얻게 되면서(에가미 나미오·미즈노 세이이치, 『내몽고·장성 지대』, 『동방고고학 총간』 을종 제1책, 쇼와 10년 4월), 에가미의 제언으로 동아고고학회는 '시린궈러·우란차부'에 '지질·고생물·

인류·고고' 분야로 편성된 조사단을 파견했다.[21] 이 조사에 소요된 연구비는 외무성 문화 사업부·하라다 적선회原田積善会·호소카와 후작이 지원했다.

동아고고학회는 이어서 쇼와 12년, 도론노르의 원대元代 상도上都의 발굴을 실시했다(하라다 요시토·고마이 가즈치카『상도上都』,『동방고고학 총간』을종 제2책, 쇼와 16년 11월). 하라다 요시토·고마이 가즈치카가 담당한 이 조사에 소요된 경비는 '전부' 외무성 문화 사업부에서 지원했다.

쇼와 16~18년에 멍장의 양가오현陽高県(양고현)에서 한대의 분묘가 발굴되었다. 완안万安(만안) 북사성北沙城과 양가오 고성보古城堡가 그것이다. 전자는 '가량퇴仮糧堆', 후자는 '황량퇴謊糧堆'로 칭해지는 "가짜 양식糧食의 산"의 전설을 가진 분구로, 분묘의 전설 등은 존재하지 않았다. 다퉁大同(대동)의 윈강雲崗(운강) 석굴 조사를 하고 있던 미즈노 세이이치는 이들의 '퇴(봉분)'에 주목해, 동아고고학회의 사업으로 발굴을 진행했다.

완안 북사성 발굴은 미즈노가 담당했는데, 3기를 대상으로 조사한 결과 한대의 분묘라는 것이 확인됐다[미즈노 세이이치·오카자키 우이치,『만안 북사성』,『동방고고학 총간』을종 제5책, 쇼와 21년(1946)

---

21   지질·고생물·인류의 각 분야에 대한 보고는『몽고고원蒙古高原』(전편前篇,『동방고고학 총간』을종 제2책, 쇼와 16년 8월)로 공표되었다.

12월]. 이 발굴은 "몽고 정부가 출자하고, 다퉁석불보존협찬회大同石仏保存協賛会가 주관"해 동아고고학회에 위촉한 것이다.

양가오 고성보 발굴은 오노 가쓰토시·히비노 다케오 및 미즈노 세이이치 등이 3기를 대상으로 쇼와 17~18년에 실시했다(오노 가쓰토시·히비노 다케오, 『양고 고성보』, 『동방고고학 총간』 을종 제8책, 헤이세이 2년 7월). 조사 주체는 다퉁석불보존협찬회와 양가오현사적보존회陽高県史蹟保存会였다.

북사성과 고성보의 발굴로 이 분묘들이 한대의 것이라는 사실이 확실해졌으며, 특히 고성보에서 발견된 풍부한 부장품은 고고학계를 놀라게 했을 뿐 아니라 일본 '내지' 관계자의 이목을 집중시키는 데 충분했다. 고성보의 발굴 결과 보고회가 곧바로 '내지' 교토에서 열렸다.

내지의 발굴 조사

결과 보고가 이루어진 것은 대동아학술협회大東亜学術協会 제2회 담화회 때 열린 히비노·미즈노의 강연에서였다. 쇼와 17년 12월 19일에 개최된 이 강연의 내용은 『최근 몽강에서의 고고학적 발견蒙疆に於ける最近の考古学的発見』이라는 제목으로 『대동아학술총서大東亜学術叢誌』 첫 번째 책으로 간행되었다.[22] 대동아학술협회는 "대

— 22 고성보의 조사 내용은 다퉁석불보존협찬회와 양가오현사적보존회가

동아공영권의 풍토·민족·문화를 조사 연구하고, 그 성과를 일반에게 보급해 대동아 신문화의 건설에 기여하는 것을 염원"해 쇼와 17년 6월에 탄생한 단체다. 따라서 고성보의 발굴 결과는 "대동아건설의 때에 공영권에 관한 제반 학술 연구의 성과를 일반에 보급해 확충하는 데" 정말로 알맞은 것이었다. "실로 중국 본토에서 지금까지 이루어진 적이 없는 고분의 학술 조사가 몽강에서, 더욱이 우리나라 사람 손으로 실시되었다는 점 역시 의의가 깊은" 것이었다.

이 조사를 실시했을 뿐 아니라 보고 역시 담당한 히비노와 미즈노는 "몽고 정부의 초빙을 받아 동방문화연구소에서 파견한" 관의 학자였다.

멍장의 고고학 조사에서 주목되는 것은 윈강 석굴 조사이다. 산시성 다퉁현의 서쪽 윈강에 있는 북위北魏시대의 석굴("대굴 21, 중굴 20, 소굴·불감仏龕은 수를 셀 수 없는"—오카자키 다카시)은 메이지 25년(1902) 이토 주타에 의해 소개되었는데, 쇼와 13~19년까지 조사를 실시한 것은 미즈노 세이이치와 나가히로 도시오가 중심이 된 동방문화학원 교토연구소東方文化学院 京都研究所에 소속된

『몽강 양고현 한묘 조사 약보蒙疆陽高県漢墓調査略報』(쇼와 18년 2월, 오사카 야마토쇼인大阪大和書院)를, 조사 담당인 오노·히비노의 「조사 일기調査日記」를 중심으로 한 『몽강고고기蒙疆考古記』(쇼와 21년, 자우호간코카이)를 각각 발간했다. 정식 보고서는 발굴되고 48년 후에 간행되었다.

연구자들이었다[미즈노 세이이치·나가히로 도시오, 『운강 석굴』 16권, 쇼와 26~32년(1957)]. 이 조사를 통해 탄야오 5굴曇曜五窟(담요오굴)을 비롯한 윈강 석굴의 실태가 밝혀졌다.

미즈노·나가히로는 윈강 석굴을 조사하기 이전에, 쇼와 11년 3월부터 5월까지 '북지나 석굴 연구北支那石窟硏究'의 하나로 샹탕산響堂山(향당산)[나가히로 도시오·미즈노 세이이치, 『하남자현 하남무안 향당산 석굴河南滋県河南武安響堂山石窟』(쇼와 12년)]과 룽먼龍門(용문)[미즈노 세이이치·나가히로 도시오, 『하남 낙양 용문 석굴의 연구河南洛陽 龍門石窟の硏究』(쇼와 16년)]의 석굴을 조사해 윈강 석굴의 본격적인 조사에 대비했다. 그러나 이 조사 작업은 결코 순탄하지 않았다. 4월 10일~15일의 샹탕산 조사에서는 "자현磁県 및 팽성진彭城鎮의 순경이 끊임없이 호위를 맡아주었고", 또한 뤄양洛陽(낙양)에서는 4월 24일~29일에 "지역 사람들의 인심이 나쁘고, 치안도 충분하지 않으며 게다가 관헌이 반일적"인 상황에서 조사가 이루어졌다. 특히 룽먼 조사 시에는 "자전거를 탄 여러 명의 경관이 호위와 감시를 겸해 동행"했다.

윈강 석굴 조사는 이러한 환경에서 실시된 것이다.[23]

---

23   윈강 석굴 조사에 대해서는 미즈노 세이이치, 『운강 석불군—동방문화연구소 운강 석굴 조사 개보雲崗石仏群—東方文化硏究所雲崗石窟調査概報—』(쇼와 19년 6월, 아사히 신문사)가 정식 보고(미즈노 세이이치·나가히로 도시오, 『운강 석굴』 16권, 쇼와 26~32년)에 앞서 간행되었는데, 조사에 관여한 미즈노의 『운강의 석굴과 그 시대雲崗の石窟とその時代』(쇼와 14년, 일

멍장의 고고학은 동아고고학회 관계자들의 한대 분묘 발굴과 동방문화학원 교토연구소(동방문화연구소) 소속 학자가 실시한 '북중국 석굴 연구北支那石窟研究'가 중심이 되었다.

― 부 수정본 쇼와 27년 4월, 쇼젠샤), 미즈노·나가히로, 『대동의 석불大同の石仏』(쇼와 21년 9월, 자우호간코카이), 나가히로, 『운강 석굴』 2책, 중국문화사적中国文化史蹟[쇼와 51년(1976)], 『운강 일기―대전 중의 불교 석굴 조사雲崗日記―大戦中の仏教石窟調査―』(쇼와 63년, 일본방송출판협회日本放送出版協会) 등이 있다. 특히 『운강 일기』는 쇼와 14·16·17·19년에 있었던 나가히로의 조사 일기로 쇼와 10년대 멍장의 실태를 알려준다.

그리고 서남쪽으로
— 중국 대륙과 '타이완'

'중지'와 전장의 고고학

'중지'의 보고서 「강남 답사」

쇼와 12년 7월 7일의 노구교 사건 이후, 기세를 몰아 12월 13일에 난징南京(남경)을 "점령"한 일본군은 "남경에 유기되어 있던… 국립중앙연구원国立中央研究院 역사언어연구소歷史言語研究所가 발굴, 조사했던 하남성 안양의 은허殷墟와 은묘殷墓 그 외의 엄청난 출토품을 정리"했다(우메하라 스에지, 「근년 우리 학자가 실시한 중국의 고고학적 조사에 관하여近年我が学者の行ふた支那の考古学的調査に就いて」, 『동아 고고학 개관東亜考古学概観』, 쇼와 22년). 고고학 부문을 담당한 것은 우메하라 스에지였다.

우메하라의 "정리"와 함께 주목할 것은 게이오기주쿠의 '중국 대륙 학술 여행대'의 파견이다. 이 계획은 시바타 조에(오야마 가시와·시바타 조에·마쓰모토 노부히로松本信広, 「중국 학술 조사단 고고학반 보고支那学術調査団考古学班報告」, 『사학史学』 제17권 제2호, 쇼와 13년)가 발안한 것으로, 오야마 가시와('북지'에 대해서는 「북지 조사행北支調査行」, 『사전학 잡지』 제10권 제4~6호, 쇼와 13년을 보라), 시바타(중부 '중국'), 마쓰모토 노부히로('중지' 각지)가 인솔하는 3반이 수행했다.

'중지'반의 보고서 『강남 답사江南踏査(쇼와 13년도)』(마쓰모토 노부히로·호사카 사부로保坂三郎·니시오카 히데오西岡秀雄, 『게이오기주쿠 대학 문학부 사학과 연구 보고慶応義塾大学文学部史学科研究報告』 갑종 제1책, 쇼와 16년 12월)는 파견 당시의 상황을 매우 생생하게 전해주고 있다. 「서문」을 쓴 고이즈미 신조小泉信三는 "쇼와 12년이 저물 무렵, 난징을 함락해 전쟁이 중요한 새로운 국면에 접어들자 게이오기주쿠 대학 문학부 소속 사학자들 사이에 신속하게 현지에 가서 중국 학술 조사, 고문화 유적의 시찰 발굴을 해야 한다는 논의가 일어나, 13년 5월 우선 3반의 학술 여행대를 파견하게 되었다"고 밝히며, "당시 포연이 가라앉은 지 아직 얼마 되지 않았는데도 여러 학자가 앞다투어 학술적 현지 조사의 필요를 이야기"한 것을 자랑스러워하고 있다. '중지'반은 마츠모토 아래에 호사카 사부로(대학원)·니시오카 히데오(학생)가 참가해, 난징·항저우杭州(항주)[구당 시후산古蕩石虎山遺跡(고탕 석호산) 유적]·상하이를 담당했다. 당초 계획은 "발굴을 주안으로 하고, 중국 제 박물관에 있는 기존 표본 정리는 별로 염두에 두지" 않았는데, 결과적으로는 난징의 국립중앙연구원 역사언어연구소·도자연구소·고물보존소에 있는 자료를 '정리'하고, 항저우 구당 시후산 유적을 시굴했으며, 상하이 아세아협회박물관을 시찰했다. 구당 시후산 유적의 시굴을 통해 '한말漢末 육조六朝 초기 무렵'의 전실묘를 발굴하는 한편 흑도黑陶의 연대관에 대해 새로운 사실을 알아냈다.

"난징 점령" 직후 난징으로 가서 "정리" 작업에 종사했던 우메하라, 곧바로 '중국 대륙'에 '학술 조사대' 파견을 제안한 시바타, 이 두 학자는 '국國'●에 직·간접적으로 관여되어 있었다. 우메하라는 교토 제국대학 조교수, 시바타는 도쿄 제국대학 조수를 거쳐 내무성·문부성에서 관련 업무를 하면서 게이오기주쿠의 강사를 겸하고 있었다.

"점령" 후, 그 지역 선무공작宣撫工作의 하나로 관이 주도하는 "고고학적 공작"(우메하라의 표현)이 실시되었던 것은 당연한 일이었다.

이러한 움직임은 '대동아공영권'의 각 지역에서 확인되는데, 한편 민간의 고고학 연구자가 징병되어 '외지'에 가는 일도 결코 드문 일이 아니었다.

━━● 국가에 소속되었다는 의미로, 관학 고고학자라는 것을 강조하기 위해 쓴 표현이다.

전장의 고고학

한 사람의 병사로 전장에 임한 연구자가 느낀 감격을 다른 사람들이 헤아릴 수는 없겠지만, 전장에서 한 사람의 고고학자가 조우한 고고학적 체험 자료는 지금도 전해지고 있다.[24]

쇼와 18년 12월 16일자 〈아사히 신문〉은 '병대兵隊 과학자의 공로'라는 제목의 2단 기사를 게재했다.

[남경 특전特電 14일발]

한 병사가 전쟁 중에 우연히도 거의 완전한 3,000년 전의 호형 토기를 발굴, 신석기시대 중지 문화 연구에 귀중한 자료를 제공했다. 중지 ○○부대 일등병 에사카 데루야 군(도쿄도 세타야구 아카츠미초世田谷区赤堤町 1042 출신)은 도쿄대 인류학 교실에서 야와타 이치로 강사의 지도 아래 고고학을 연구했고, 문리대 지질 광물학 교실의 부수副手로 근무한 후 게이오 대학 문학부 사학과에서 고고학을 연구

---

24 에사카 데루야의 체험담이다. 나는 그에게 직접 이 이야기를 들었는데, 그 발단이 된 것은 에사카가 쓴「절강성 자계현 소동문 외 유적浙江省慈溪県城小東門外遺跡」(『사학史学』제26권 제1·2호, 쇼와 27년)에 대한 질문이었다. 이 논문에는 석기의 실측도가 실려 있는데, 토기에 대해서는 설명뿐이었기에 토기의 존부를 물어보았다. 그때 장쑤성 장닝현江蘇省江寧県(강소성 강녕현)의 모링관 유적秣陵関遺跡(말릉관 유적)으로 화제가 옮겨갔고, 발굴을 둘러싼 배경에 대해서 가르침을 받을 수 있었다. 당시의 〈아사히 신문〉기사 등은 에사카 선생이 제공한 것이다. 징병된 한 사람의 고고학자가 전장에서 어떻게 고고학과 마주했는지 알려주는 아주 귀중한 체험으로, 선생의 가르침과 허가를 얻어 기록해두고자 한다.

하던 중 부름에 용감히 응한 신진학자로, 지난 11월 하순 ○○작전에 참가하여 남경 남쪽 약 25km 강녕 말릉관 부근을 행군하던 중 교외의 소산요小山窯에서 북서로 면한 황토 절벽 중에 신기하게도 호의 일부가 나와 있는 것을 재빨리 발견, 파가지고 와서 문헌을 조사한 결과, 이 호는 신석기시대 말기부터 춘추전국시대경의 것으로 적어도 3,000년 전의 것으로 판명되었다.

난징에서 보낸 특전으로 도쿄의 〈아사히 신문〉에 보도된 이 사건은 당시 난징의 〈대륙신문大陸新聞〉 등에도 크게 보도되었다.

쇼와 18년에 들어와 2월 과달카날섬 철수, 5월 애투섬 수비대 전멸, 9월 마리아나·캐롤라인·서뉴기니아 선으로의 절대 방어선 후퇴 등으로, 확대되었던 일본의 전선이 점차 축소되고 그해 10월 21일에는 신궁 외원神宮外苑에서 학도 출진 장행 대회学徒出陣壮行大会가 열리는 등 암운이 자욱할 무렵 '병대 과학자'의 기사가 일간신문에 게재된 것이다.

그 주인공인 에사카 데루야는 쇼와 17년 11월에 간행된 『고대문화』 제13권 제11호 편집후기에 이렇게 소개되어 있다. "그때, '이기고 올게'라고 용기 있게 정도征途에 나선 동학의 사람이 많다. 고고학계의 명물남 에사카 군도 그중 한사람이다."

중지에 파견된 제101부대(난징방위사령부)의 병사였던 에사카가 난징 남쪽에서 발견한 하나의 "호壺"를 둘러싼 보도는 난징 지역에서 작전이 순조롭게 이루어지고 있었다는 것을 암시하는 데 유용했으며 안도감을 느끼게 하는 데 효과적이었을 것이다.

이 보도는 군 고위층에 좋은 인상을 주어, 12월 25일과 26일 이틀 동안 에사카는 다시 "호"의 출토지를 조사할 수 있었다. 에사카의 재조사에는 행정원 문물보관위원회 연구부行政院文物保管委員会研究部의 타치 이치오滝庸·다니다 에쓰지谷田閲次, 도쿄 제국대학 인류학 교실의 와지마 세이이치 등이 동행했고, 그들은 부근에서 "호"와 동일한 토기 편을 채집했다.

에사카는 바로 그 결과에 관한 글을 한 편 써서 도쿄 인류학회 기관지인 『인류학 잡지』에 보냈다. '말릉관에서 출토된 고대 토기秣陵関出土の古代土器'라는 제목의 보고는 12월 28일에 탈고했다고 쓰여 있으며, 쇼와 19년 3월에 간행된 『인류학 잡지』 제59권 제3호에 게재되었다.

장쑤성 장닝현 모링관 교외 소산요에서 발견된 한 점의 "호"는 구경 12.5cm, 높이 14cm, 저경 16.5cm의 '흑회색' 토기였다. 또한 부근에서 채집된 토기 편도 동일한 인문印紋토기로, 모링관 서남쪽 소산요 유적의 발견이 학계에 보고된 것이다.

보고 말미에 "여러 가지를 원조해주신 현지 군 당국, 특히 야마시타山下 참모장·사카타坂田 대위님께 깊은 감사를 표한다"는 말이 쓰여 있는 것으로 보아, 에사카가 강남(난징) 치鵄61사령부*에서 복무하던 중 집필했다는 것을 알 수 있다.

에사카 데루야의 「전선에서 보는 고고학」

이 무렵 에사카는 '전선에서 보는 고고학戰線に見る考古学'이라는 제목의 에세이를 강남 지역에서 썼다. 이 글은 쇼와 19년 6월에 간행된 『고미술古美術』 제14권 제6호(통권 161호)에 게재되었다. A5판 2페이지의 짧은 글이지만 몸은 전장에 있어도 고고학 연구를 생각하는 에사카의 면모가 잘 드러난다. 그는 "대동아전쟁하에 황군皇軍이 주둔하는 곳은 대동아공영권의 거의 모든 지역으로, 이 지역 대부분은 학문적으로 미지의 지역"이라고 밝히며, "전선에 있는 우리 고고학도들은 현재 전선에서 군무를 하루도 소홀히 할 수 없는 것과 마찬가지로 한순간도 방심하지 않고 자료 수집에 노력하며, 대동아전쟁을 치르는 우리 민족의 정책에 얼마간의 도움이 되도록 임무를 이룰 것을 바라고 있다(강남에서)"라고 끝을 맺는다. 이 문장을 통해, 전장에 있는 고고학 연구자의 생각을 느낄 수 있다. 물론 이러한 감회는 에사카의 회고로, 그러한 평상시의 생각이 소산요 유적을 발견하게 했다는 것은 말할 것도 없다. 에사카는 "공영권 각지의 도시에는 크고 작은 여러 종류의 박물관이 있다. 이 박물관들이 소장하고 있는 그 지역의 고고학 유물은 이전에 구미 학자에 의해 한 차례 정리 보고되기도" 했지만 "동아에 살고 동아의 고대문화를 연구하는 우리들의 눈으로 관찰하면

● 치鴟는 '솔개'로, 61사령부의 약칭이었다.

구미 학자가 알아차리지 못한 많은 면을 발견할 수 있다"고 지적한다. 이러한 발언은 과거 마쓰모토 노부히로를 중심으로 하는 게이오기주쿠 대학 조사대가 강남 지역을 답사하고 그에 상응하는 결과를 얻으면서 촉발되었다고 할 수 있을 것이다.

사노 야마토의 출정 심경

> 읽던 책에 책갈피를 끼워놓고 출정한다. 배움의 몸인 내게 부름이 있다면.
>
> ―사노 야마토佐野大和

이것은 사노가 당시의 심경을 읊은 메모라며 헤이세이 6년(1994) 4월 28일자로 내게 보낸 단가短歌이다.

당시(쇼와 18년) 사노는 졸업논문을 완성하고 「요코하마시 아오가다이의 석기시대 유적橫浜市靑ヶ台の石器時代遺跡」이라는 제목으로 정리해 『고대문화』에 투고 중이었다. 그 원고는 같은 해 7월호(제14권 제7호)에 게재되었다. 「편집후기」에는 이렇게 쓰여 있다.

> 사노 군은 본고를 초고로 삼아 졸업논문을 쓰고 지금은 느긋하게 입영일을 기다리고 있다. 본고의 초고를 보고, 그 진지한 연구에 깊이 감동한 편집자는 진심으로 공간公刊을 추천했다.

'타이완'의 고고학

타이베이 제국대학과 고고학

메이지 28년(1895) 4월 17일, 청일 강화조약의 체결로 '할양'된 '타이완台湾(대만)'은 이후 일본 '식민지'로서의 길을 걷게 되었다. '타이완'의 고고학 조사는 1890년대 후반 일찍부터 착수되었다 ['타이완'의 고고학 연구사에 대해서는 가나세키 다케오·고쿠부 나오이치, 「대만 고고학 연구 간사台湾考古学研究簡史」, 『대만 문화台湾文化』 제6권 제1호, 쇼와 25년(1950), 이후의 『대만 고고지台湾考古誌』(쇼와 47년 10월 호세이대학 출판국法政大学出版局)에 수록되어 있다]. 도리이 류조는 메이지 30년(1897)에 발견된 위안산圓山(원산) 패총을 학계에 보고하며[25] '타이완' 고고학의 선구가 되었다. 위안산 패총은 이노 가노리伊能嘉矩·미야무라 에이이치宮村栄一가 발견했는데, 이전부터 이미 '타이완'

---

25 「도리이 류조 씨로부터의 통신, 쓰보이 쇼고로에게鳥居龍藏氏よりの通信, 坪井正吾郎へ」(『도쿄 인류학 잡지東京人類学雜誌』 제141호, 메이지 30년). 도리이 류조, 「대만 유사 이전의 유적台湾に於ける有史以前の遺跡」(『지학 잡지地学雜誌』 제9권 제107호, 메이지 30년). 이 논문에 "원산에 가서 패총을 발굴했다", "패총이 있는 부근에 2, 3일전 도적떼가 출몰해 나는 허리에 피스톨을 차고 여행했다. 일본인으로 피스톨을 휴대하고 패총을 보고 토석기를 주운 것은 내가 처음일 것이다"라고 쓰여 있다. 또한 이후에 '대만 대북 원산 패총台湾台北円山貝塚'(『인류학 잡지』 제27권 제1호, 메이지 44년)이라는 제목으로 패총 발굴 당시의 사진 2장을 공개했다. 이 내용은 『도리이 류조 전집鳥居龍藏全集』 제11권(쇼와 51년 6월, 아사히 신문사)에 수록되어 있다.

의 석기에 대한 관심이 존재했으며 다나카 쇼타로田中正太郎·모리 우시노스케森丑之助 등이 지속적으로 조사를 실시하고 있었다. 위 안산 패총 조사에 의욕을 보였던 도리이는 그후에도 '타이완' 선사문화에 관심을 보였지만 더 이상 진전되지는 못했다.

쇼와 3년 봄, 타이페이 제국대학台北帝国大学이 개설되고 문정학부文政学部에 토속 인류학土俗人類学 연구실이 설치되어 우쓰시카와 네노조移川子之蔵(교수)·미야모토 노부히토宮本延人(조수)가 부임했다. 타이페이 제국대학의 흙 파기 공사 현장에서 마제석기가 출토되었는데 즉시 대학으로 옮겨져 연구실의 제1호 표본이 되었다고 한다(미야모토 노부히토, 『대만의 원주민족―회상·나의 민족학 조사 台湾の原住民族―回想·私の民族学調査―』, 쇼와 60년 9월, 롯코 출판).

타이페이 제국대학에 토속 인류학 연구실이 설치되면서 그곳은 '타이완' 고고학 조사의 거점이 되었다. 쇼와 5년 컨딩墾丁(간정)에서 실시된 석관 유적의 발견과 발굴은 '타이완'의 고고학 발굴 조사의 효시로 매우 중요한 사건이다. 그후로도 연구실이 주체가 된 발굴 조사가 연이어 실시되었으며, 동해안과 서해안의 평야 지방에서도 유적이 발견되었다. 한편 관련된 논문·보고 발표도 점차 늘어났는데, 특히 석추石錘 형식을 검토해 '타이완'의 동서에 서로 상이한 문화가 존재했다고 주장한 미야모토 노부히토의 연구가 주목을 받았다.

타이페이 제국대학 설립에 이어 연구실을 세운 것이 '타이완' 고고학에 큰 전기가 되었다는 견해에 따라 가나세키와 고쿠부는 연구실 설립 이전을 제1기, 쇼와 14년 1월부터를 제3기로 구분했다.

타이완 선사 토기의 편년

그것은 쇼와 14년 1월 타이페이 제국대학에 소속된 우쓰시카와·가나세키·미야모토·고쿠부는 얼청싱시二層行溪(이층행계)의 남안南岸에서 다후大湖(대호) 패총을 발굴하고 '타이완' 서부 평야를 답사하면서 연이어 주목할 만한 유적을 발견했기 때문이다. 특히 제3기에 흑도가 발견된 것은 중요하다. 채도彩陶 역시 발견되었다. 그것은 대륙 북방계의 채도에서 기원을 찾을 수 있는 것으로, 학계의 관심을 모았다.

쇼와 18년 9월, 제8항공사단에 배속된 쓰보이 기요타리坪井清足가 타이완에 부임했다. 그는 타이페이 제국대학으로 가나세키를 찾아왔다. 곧 평동屛東(병동)으로 옮긴 쓰보이는 가네코 스에오金子壽衞男와 해후하고, 남부의 제 유적에 관한 소식을 들었다. 가네코가 말한 중컹먼中坑門(중갱문)의 유적—실제로는 펑비터우鳳鼻頭(봉비두)의 유적을 조사한 쓰보이는 상층에 흑도, 하층에 채도가 포함되어 있는 것을 확인했다. 흑도와 채도가 층위적으로 발견되었다는 것은 타이완 선사토기 편년에 확실한 자료를 제공한 것이다.[26]

이러한 와중에 미야모토는 「대만 선사시대 개설台湾先史時代概

說」(『인류학 선사학 강좌人類学先史学講座』10, 쇼와 14년)을 집필하는 한편, 가나세키와 고쿠부는 대륙 문화와의 관계에 대해 의욕적인 논문을 연이어 발표했다(이 논문에 대해서는 가나세키 다케오·고쿠부 나오이치, 『대만 고고지台湾考古誌』, 쇼와 54년에 자세하게 설명되어 있다).

쇼와 25년 이후, 일본인 학자는 타이완에 남아 계속 "조사 작업을 진행"하고, 타이완 대학 의학원의 가나세키 다케오, 타이완 대학 문학원의 미야모토 노부히토·고쿠부 나오이치는 쇼와 24년(1949) 8월에 귀국했다.

'타이완' 고고학의 제3기 시절에 가나세키의 지도를 받아 많은 유적을 발굴 조사하는 한편 중요한 식견을 발표한 고쿠부 나오이치는 후일 이렇게 술회했다.

> 내가 타이완의 학계에 작게나마 공헌한 것이 있다면, 피폭된 대학의 고고·민족학 자료관 잔해들 중에서 선사학·민족학의 자료를 찾아 정리하고, 해설을 작성한 것 외에 주 1회 강의와 일본 식민지 시

— 26 이 내용은 나중에 제4회 극동선사학회에서 보고되어(다나카 미가쿠田中琢·사하라 마코토佐原真, 「쓰보이 기요타리 씨와 고희坪井清足さんと古稀」, 『논원고고학論苑考古学』, 헤이세이 5년 4월, 텐잔샤天山舎), 「대만 고웅주 봉비두 및 담두의 유적·유물台湾高雄州鳳鼻頭および潭頭の遺跡·遺物」(『매장 문화재와 고고학埋蔵文化財と考古学』, 쇼와 61년 6월, 헤이본샤)이라는 제목의 일본어 논문으로 공개되었다. 이 논문에서는 "봉비두의 E지점을 보았을 때 채도는 홍도와 같은 시기의 정제 토기이며 흑도보다 오래된" 것이라고 의견이 나왔다.

대의 연구 성과를 보고문으로 정리하여 남겼다는 것이다(고쿠부 나오이치, 「'고쿠부 선생 행장 에마키國分先生行狀絵卷' 시대 회고時代回顧」, 『대만고고지台湾考古誌』).

남쪽으로
— '남양'과 그 주변

'남양' 고고학의 전개

남양 지역의 조사

과거 '남양南洋'으로 불렸던 미크로네시아 지역에서 일본인이 실시한 최초의 고고학 조사는 쇼와 4년 여름에 있었던 하세베 고톤도·야와타 이치로의 조사였다.

이 지역은 다이쇼 8년 이래 일본이 '위임통치'한 지역으로, 이전의 정치적 상황과 비교해 큰 차이가 있었다. 베르사유조약으로 위임통치의 수임국이 된 일본은 적극적인 경제활동을 바탕으로 남양'을 일본 '영토'로 '지배하기 시작했다. 남양에 대한 적극적인 점령 활동은 정치·경제·군사를 비롯해 모든 분야에 걸쳤는데, 그중에 자연·인문 분야의 학술적 조사가 포함되어 있었다.

이미 서구의 학자들이 조사를 실시하기는 했지만, '남양' 지역의 조사가 미크로네시아 지역을 경제적으로 일으키려는 방책의 하나였다는 것은 말할 것도 없다.

하세베 등의 '남양군도 인류학 조사' 역시 그러한 흐름 속에서 실시되었다(하세베 고톤도, 『과거의 우리 남양過去の我南洋』 부록 야와타 이치로, 「남양의 저명 유적 소개南洋に於ける著名遺跡の紹介」, 쇼와 7년 6월, 오카쇼인]. 하세베는 "최근 15년간 일어난 섬사람의 생활 상태의 큰 변화로 과거의 물건은 점차 감소하는 동시에 먼 과거의 문화를 연구하는 데 중요한 자료인 제 유적도 파괴, 소멸에 직면해 지금 그 대책을 강구해야 하는 때가 오고야 말았다"며, 그러한 상황에 있는 '남양'의 "유적을 어떻게 존중할 것인지 소개"하기 위해 야와타에게 답사에 동행해달라고 요청했다.

야와타는 그 기대에 부응해 '남양 저명 유적의 개황'을 정리했다. "우리 남양의 섬들 각 곳에는 이전 문화의 유적이 있다. 그것들은 현재 섬 주민의 유래를 찾는 데 중요한 단서가 된다"는 시각 아래 '주요 유적'을 소개했다. 그 '주요 유적'은 쿠사이섬의 렐루Lelu, 포나페섬의 난 마돌Nan Madol, 파라오섬의 가르첼롱Ngarchelong, 마리아나제도·데니안섬의 송송Songsong, 사이판섬의 아스테오Asteo 등이었다.

야와타는 그후에도 2회에 걸쳐 '남양'을 조사했다. 쇼와 12년 여름과 쇼와 15년 1~3월에 '남양'을 찾았다. 3차에 걸친 야와타의

'남양' 조사 결과에 관한 많은 보고·기행이 발표되었다[야와타 이치로, 『남양 문화 잡고南洋文化雜考』(쇼와 18년 12월, 세이넨쇼보青年書房) 및 「환태평양 고고학環太平洋考古学」(『야와타 이치로 저작집八幡一郎著作集』 5, 쇼와 55년 5월, 유잔카쿠 출판)].

쇼와 12년 여름(8월 12일~29일)의 조사는 '미나미노카이南の会' 조사 여행단이 수행한 것으로, 남방 연구자 모임의 '남양'행이 있었던 것이다. 참가자는 마쓰모토 노부히로·스기우라 겐이치杉浦健一·나카노 조메이中野朝明와 야와타였다. 야와타는 주로 마리아나 제도의 사이판Saipan·티니안Tinian·로타Rota 섬의 석주열石柱列 유적과 동굴·패총 조사를 중심으로 하여 파라오섬 동굴 유적을 답사했다(야와타 이치로, 「남양군도 조사南洋群島の調査」, 『고고학 잡지』 제27권 제10호, 쇼와 12년 10월, 이후 『환태평양 고고학環太平洋考古学』에 수록).

야와타의 제3차 조사인 쇼와 15년의 조사(1월 2일~3월 12일)는 일본학술진흥회의 보조를 받아 마리아나 북부 제도를 대상으로 이루어졌다(야와타 이치로, 「마리아나 북부 제도의 유적 유물マリアナ北部諸島の遺跡遺物」, 『인류학 잡지』 제55권 제6호, 쇼와 15년 6월, 이후 『남양 문화 잡고』, 『환태평양 고고학』에 수록). 그는 앨라마간Alamagan·파간Pagan·아그리한Agrihan·아순시온Asuncion 제도에서 의욕적으로 석주 유구遺構의 양상, 동굴 이용 실태를 조사했으며, 각종 유물(토기·석기·패기 등)을 채집했다.

야와타 이치로의 지향점

이처럼 야와타가 3차례에 걸쳐 '남양'의 고고학적·선사학적 조사를 실시할 때의 지향점은 "남양" 고대문화사 연구는 "지리적 관계로 보나 역사적 인연으로 생각해보나 일본 학자들을 통해 크게 성공할 것이다"(야와타 이치로, 「남양의 고문화南洋の古文化」, 『아시아 문제 강좌アジア問題講座』 10, 쇼와 14년, 이후 『남양 문화 잡고』, 『환태평양 고고학』에 수록)라는 굳은 신념에 기인했던 것이다. 그것은 한편으로 "식민지의 관리에게 인류학·민족학의 개념을 이해시킬 기회를 만들고, 또한 각 식민지가 상주 전문 학자를 초빙해 원주민에 대한 시정에 자문하게 한다"(야와타 이치로, 「남방 경영과 인류학南方経営と人類学」, 『일본과 일본인日本及日本人』 제330호, 쇼와 10년, 이후 『남양 문화 잡고』, 『환태평양 고고학』에 수록)는 주장과도 연결된다.

'남양'의 고고학 조사는 민족학 조사와 비교했을 때 그다지 실효를 거두지는 못했다. 그것은 조직적인 발굴 조사를 실시하는 데 어려움이 있었기 때문이다. 그렇지만 소규모 발굴 조사, 석주 유구의 거시적 조사, 각종 유물의 채집과 연구 등 각 분야의 연구에 파문을 일으켰다는 점에서 그 영향력은 결코 작지 않다. 야와타가 오랜 기간에 걸쳐 이룬 이러한 조사 업적은 네즈 마사시의 『태평양의 고대 문명太平洋の古代文明』(쇼와 20년 4월, 가와데쇼보河出書房)과 대조적이라고 할 수 있다.

야와타의 『남양 문화 잡고』와 네즈의 『태평양의 고대 문명』

을 보면, 야와타의 책이 논문집인 데 비해 네즈의 책은 총설에 해당했다. 야와타(「남양의 고문화」)는 "모든 것이 지금부터"인 '남양'의 연구로 "한 지역 한 시대의 한 종류"를 하나하나 자세히 보고하고 설명한다는 신조를 가지고 있었다. 남방의 민족과 문화 연구를 목적으로 쇼와 18년 1월 18일에 발족한 민족학연구소民族学研究所(다카타 야스마高田保馬 소장) 소속으로 도쿄 제국대학 강사를 겸하고 있던 야와타, 그리고 병상에 누워서도 국내외의 저작을 열독하며 대작을 쓰려고 계획했고 결국 실행한 네즈. 이 두 연구자는 "학문적 관심이 항상 남쪽으로 향한"(야와타, 「남양의 고문화」) 사람, "대동아 건설사업의 일익一翼으로 남방 연구의 현상을 돌아보는"(네즈, 『태평양의 고대 문명』, 「머리말」) 사람이었다.

한 역사학자의 고고학과 현대사

고고학자 네즈 마사시

쇼와 9년 네즈 마사시는 「원시 일본의 경제와 사회原始日本の経済と社会」(『역사학 연구歴史学研究』 제4권 제5·6호)를 집필했다. 이 논문은 일본 고고학계의 상황을 직시하고 문제점을 예리하게 간파하고 있었다.

"현재의 고고학은 특수 유적의 연대 결정, 양식, 제작 기술·장식 연구 혹은 미술적 감상 '진물주의', '문화' 등에만 중점을 두고, 유물 유적이 보여주는 당 시대의 생산력 및 생산관계, 그에 따른 사회조직의 고찰을 완전히 소홀히 하고"있다. 하지만 "유물 유적이 불완전하긴 해도 반드시 그 시대의 생산 제 관계 및 사회조직을 보여준다는 것은 분명하다."

그는 이러한 고고학 본래의 "전통적인 임무를 잊은 고고학"의 "답보"를 지적하는 동시에 "외견상으로 화려한 식민지·반식민지의 발굴 탐험에 힘을 쏟기 시작한" 의미를 생각해야 할 필요를 제기한다.[27]

이 무렵 네즈는 교토 제국대학 대학원에 다니고 있었는데 지도교수가 하마다 고사쿠였다. 그는 하마다의 지도하에 스에나가 마사오가 발굴 주임으로 실시한 나라현 시마노쇼 이시부타이奈良県島ノ庄石舞台의 조사(하마다 고사쿠, 「야마토 시마노쇼 이시부타이의 거석 고분大和島庄石舞台の巨石古墳」, 『교토 제국대학 문학부 고고학 연구 보고』 제14, 쇼와 12년)에서 스에나가를 도와(「스에나가 마사오, 「이시부타이를 발굴하다石舞台を掘る」, 『고고학』 제6권 제6호, 쇼와 10년. 「이시부타이 고

---

[27] 네즈의 이러한 지적에 대해 와지마 세이이치가 정면으로 다룬 글이 있다(「발달의 제 단계発達の諸段階」, 『일본 고고학 강좌日本考古学講座』 2, 쇼와 30년).

분의 조사石舞台古墳の調査」, 『야마토시大和志』 제2권 제8호, 쇼와 10년) 발굴의 중심으로 활약했다(네즈 마사시, 「이시부타이를 발굴하다石舞台を掘る」, 『돌멘』 제3권 제1·3호, 쇼와 9년. 「다시 이시부타이를 발굴하다再び石舞台を掘る」, 『돌멘』 제4권 제7·8호, 쇼와 10년, 「이시부타이 고분의 발굴을 말하다石舞台古墳の発掘を語る」, 『역사 교육歷史教育』 제10권 제5·6호, 쇼와 10년). 쇼와 8년과 다음 해 2회에 걸쳐 이루어진 이시부타이 고분 발굴은 고고학계는 물론이고 "간사이関西(관서) 전역의 인기를 등에 업고 실시"되었다. 네즈는 매번 발굴 진행 상황 위주로 상세한 일지를 작성했다. 쇼와 9년 5월 4일에는 "종래의 학자 중에는 고가의 유물에만 홀려" 있는 상황에 관해 이야기하고, 8일에는 "구식 고고학자의 고가 유물 존중주의, 골동주의, 석실 존중주의"의 "타파"를 말했으며, 11일에는 "개별적인 유물이나 명소를 안내하는 기존의 방식으로 유적을 기술하고 그것으로 완료되었다고 하는 사람은 고고학자라고 할 수 없다"는 등 평소의 울분을 솔직하게 피력했다.

네즈의 전기

하마다의 지도하에 오로지 고고학 연구에 매진하던 네즈에게 큰 전기가 찾아온다. 쇼와 10년에 『유물론 전서唯物論全書』 제1권으로 『고고학考古学』을 집필해달라는 부탁을 받은 것이 그 발단이었다. 그는 이미 발표된 논문(「원시 일본의 경제와 사회」)과 같은 방식으로 집필하겠다는 전제하에 승낙했고, 그 결과 『유물론 전서』의 제2차 간행본 가운데 하나로 『고고학』을 출간할 것이라고 발표되었다.

이에 지도교수인 하마다는 "매우 화를 내며 박사(하마다)의 허락 없이 집필을 승낙한 것을 나무랐다. 그 때문에 나(네즈)로서는 어쩔 수 없이 집필을 중지"(네즈 마사시, 『원시사회—고고학적 연구原始社会—考古学的研究』「머리말」)했다고 한다. 이 책은 쇼와 24년 3월 『원시사회—고고학적 연구』(『학예전서』 10, 미카사쇼보)로 출간되었다.

『원시사회』는 "원시사회의 연구는 고고학으로부터 시작해야만 한다"라는 서문으로 시작하며, 문헌적 방법·민속학적 방법을 배척하고 고고학적 방법에 의해야만 한다고 주장했다. "고고학은 인류 문명의 진보를 유물 유적으로 연구하는 학문이다"라고 생각하는 네즈에게 고든 차일드는 위대한 존재였다. 차일드의 방법을 영국식 '진화론'으로 이해한 네즈는 유물사관을 선언했다. 따라서 네즈의 『원시사회』는 유물사관의 입장에서 집필한 것이라고 할 수 있다.

하마다의 진노를 맞닥뜨린 네즈는 차일드에 몰두한다. 그리고 『New Light on the Most Ancient East』(1934)(일본어 역『아시아의 고대 문명アジアの古代文明』, 쇼와 19년, 이토쇼텐伊藤書店) 및 『Man makes himself』(1936)[일본어 역 『문명의 기원文明の起源』 상·하, 쇼와 26년 6·7월, 이와나미신서岩波新書. 개정판은 쇼와 32년(1957), 이와나미신서], 『History』(1947)(일본어 역『역사학 입문歷史学入門』, 쇼와 29년 12월, 신효론샤(新評論社))를 번역했다.

『유물론 전서』에 포함될 책의 집필을 단념한 네즈는 "당시 학계에는 언론의 자유도, 학문의 자유도 없었다"(『원시사회—고고학적 연구』)고 술회했다. 한편 쇼와 14년 가을에 들어서면서 『인도차이나의 원시 문명印度支那の原始文明』 집필이 계획되었다.

한편 하마다는 쇼와 13년 7월 교토 제국대학 총장 재임 중에 세상을 떠났다.

「인도차이나의 원시 문명」과 「태평양과 고대 문명」

『인도차이나의 원시 문명』은 쇼와 18년 3월 가와데쇼보에서 간행되었다. A5판에 450페이지가 넘는 대작으로, 프랑스의 고고학자가 '프랑스령 인도차이나'에서 실시한 40여 년의 조사 결과를 바탕으로 정리한 것이다.

집필 동기와 목적에 대해서는 「머리말」에 상세하게 설명되어 있다. "쇼와 16년 12월 8일, 미국·영국·네덜란드의 수백 년에 걸친 지배와 착취로부터 동아시아를 해방시키고, 아시아인에 의한 새로운 아시아 건설을 위해 대동아 전쟁이 개시된 이래"라는 문장으로 시작되는 이 책은 "고고학자·인류학자·민족학자의 지식이 갑자기 국책으로 필요하게 되었다"는 인식 아래, "인도차이나의 선사시대 원시 문명을 간단히, 그리고 정확하게 정리한 것"이라고 밝힌다.

『인도차이나의 원시 문명』은 네즈가 계획한 "동남아시아 및 태평양의 인류학적·고고학적 연구"의 제1부였다. 쇼와 20년 4월, 제2부인 『태평양의 고대 문명』이 가와데쇼보에서 간행되었다. 이것은 미간으로 끝나버린 『인도 문명의 여명 印度文明の黎明』과 합쳐져 '대책 大冊'이 될 예정이었다.

『태평양의 고대 문명』은 A5판에 642페이지로 「태평양 고대 문명의 세계적 위치 太平洋古代文明の世界的地位」를 시작으로, 이후 "남중국, 버마, 타이, 말레이반도, 자바, 수마트라, 셀레베스, 보루네오, 필리핀, 타이완, 남양제도, 아시아·오스트랄라시아 지중해, 뉴기니아, 호주, 남태평양, 이스타섬, 하와이"에 이르기까지, 각 지역의 고고학적인 양상을 정리했다. '서남태평양'의 이미 알려져 있던 유적이 소개되어, 유물의 개요도 널리 알려졌다.

태평양·인도 지역의 고고학 서적

이처럼 태평양 각 지역을 다룬 책들이 1930년대~1940년대 전반에 걸쳐 활발하게 출판되었다는 것은 번역서의 출판, 일본 연구자에 의한 저작 활동 등을 통해 알 수 있다. 예를 들어 일본 연구자의 저작으로는 마쓰모토 노부히로의 『인도차이나의 민족과 문화 印度支那の民族と文化』(쇼와 17년 1월, 이와나미쇼텐)를 비롯해 야와타 이치로의 『남양 문화 잡고』 등이 있으며, 번역서로는 처치워드 James Churchward의 『남양제도의 고대문화 南洋諸島の古代文化』(나카기 데이이치仲木貞一 역, 쇼와 17년 10월, 오카쿠라쇼보岡倉書房), 판데르 호프van der Hoop의 『인도네시아의 원시 문화インドネシアの原始文化』(노하라 다쓰오野原達夫 역, 쇼와 18년 8월, 국제일본협회國際日本協會) 등이 연이어 간행되었다.

결국 네즈의 『인도 문명의 여명』은 간행되지 못했지만 고대 인도 문명을 다룬 번역서의 출판은 활발했다.

레너드 울리Charles Leonard Woolley의 『고고학으로 본 아시아考古学より観たるアジア』도 그중 하나다. 『세계역사선서世界歷史選書』의 하나로 쇼와 17년 11월 하쿠요샤白揚社에서 간행된 이 책은 울리의 두 저작(『과거를 발굴하다過去を掘る』, 『칼데아인의 우르カルデア人のウル』)을 합책한 것으로, 아카기 슌赤木俊이 번역했다. 또한 어니스트 존 헨리 매케이Earnest John Henry Mackay의 『인더스 문명―인도 사전 유적의 연구インダス文明―インド史前遺跡の研究―』(다키야마 쇼신瀧山章真 역, 고분샤晃文社)와 판차난 미트라Panchanan Mirta의 『역사 이전의 인도―세계 제 문화에서의 그 위치歷史以前の印度―世界の諸文化における其の位置』(요시다 도미오吉田富夫 역, 아시카비쇼보葦芽書房)가 쇼와 18년 4월과 6월에 연이어 출판되었다.

이처럼 '서남태평양'과 인도에 대한 고고학 서적이 쇼와 17~18년에 걸쳐 다수 출판된 것은 주목할 만한 일이다. '대동아' 건설의 구호를 바탕으로 동남아시아에서 태평양에 이르는 광범위한 지역에 대한 고고학적 지식이 요구되었으나, 아직 일본 고고학자들의 연구는 그에 미치지 못했다. 그 와중에 그 연구에 도전한 이가 네즈였다고 할 수 있다.

미완성으로 끝났지만 네즈의 3부작 구상은 외국인 학자의 저작으로만 '대동아' 지역, 특히 서남태평양의 고고학적 지식을 얻을 수밖에 없었던 당시에는 색다른 기획이었다.

현대사에의 몰두

쇼와 20년, 태평양전쟁이 종결되었다. 그것은 '대동아' 구상의 종언이기도 했다.

네즈는 잠시 유물사관에 기초해 원시사회의 고고학적 연구에 몰두했고, 과거 하마다의 뜻에 따라 중단했던 『고고학』 집필을 재개했다. 쇼와 22년 10월 탈고한 원고는 2년 후 『원시사회』로 간행되었다. 이어 『일본전사日本全史』(교메이샤曉明社), 『새로운 일본 역사新しい日本歷史』(민주평론사民主評論社)를 발간한 네즈는 쇼와 28년에 『거짓 없는 일본사僞らぬ日本史』(주오고론샤中央公論社)를 편집하고 『천황가의 역사天皇家の歷史』, 『속천황가의 역사續天皇家の歷史』(신효론샤)를 간행했다. 그가 새로운 시점에서 서술한 『쇼와사昭和史』[도야마 시게키遠山茂樹·이마이 세이이치今井淸一·후지와라 아키라藤原彰, 쇼와 30년 초판, 쇼와 34년(1959) 신판]가 화제를 모으기도 했다. 그는 『비판 일본 현대사批判日本現代史』(일본평론사日本評論社, 이후 『'현대사'에 대한 의문'現代史'への疑問』으로 제목을 바꾸어 쇼와 49년 11월 산이치쇼보三一書房

에서 간행되었다)를 집필해 "역사학은 주관의 학문이 아니고, 문학도 창작도 아니다. 사실에 바탕한 과학이다", "사실史実을 비틀거나 무시하고 특정한 정치적 입장에서 편리한 결론을 내는 것은 곤란하다"고 역설했다.

그리고 "그때까지 일정 분야에 기울이던 노력을 버리고 현대사에 몰두"했다[『일본 현대사日本現代史』 전 7권(산이치쇼보)은 그 집대성적 연구이다].

보로부두르의 발굴

자바섬의 불교 유적

쇼와 18년 가을, 일본 군정하에 있던 자바섬에서 불교 유적이 발굴되었다.

중부 자바 케두 주州의 사정관司政官(문교부 및 종무 담당)으로 마겔랑주청에 있던 후루사와 야스지로古沢安二郎는 어떤 노인으로부터 네덜란드가 통치하던 시절 보로부두르의 기부基部를 발굴했다가 다시 묻었다는 이야기를 들었다. 그 정보를 바탕으로 보로부두르의 동남쪽 모퉁이를 발굴하기로 계획한 후루사와는 네덜란드령 동인도 정부 고고국에서 관련 자료를 조사하여 묻혀 있는 기단의 존재를 확인했다. 그리고 마침 보로부두르 사진 촬영차 그곳에

와 있던 오가와 세이요小川晴暘의 도움을 받아 옛 기단을 발굴했
다. 그리고 신·구 기단의 접합부 상태와 옛날 기단의 부조를 완전
하게 확인했다. 출토된 부조는 인과응보 지옥편의 제16, 17의 두
장면인 것으로 밝혀졌다.

군부와 유적

후루사와가 발굴한 부분은 현재도 조사 당시 그대로의 상태로 관
찰할 수 있다.

지금도 많은 일본인이 방문하는 보로부두르. 그 동남쪽 모퉁
이의 신·구 두 개의 기단을 그대로 견학할 수 있다. 이렇게 견학
할 수 있게 한 사람이, 쇼와 17년 3월부터 3년간 군정 사정관으로
현지에 있던 한 일본인이었다는 것을 아는 사람은 적다.

한편 일본의 육군 부대가 중부 자바 프람바난의 힌두 사원
로로 종그랑의 복원 공사를 시도한 적이 있는데, 쇼와 17년 3월의
일이었다. 네덜란드령 동인도 정부 고고국이 착수했던 복원 공사
를 계속하기 위해서였다.[28] 공사는 유산 보존 작업을 통해 민심을
얻고 더불어 전사자의 혼령을 위로하기 위한 것이었다고 한다.

---

28 보로부두르 발굴과 로로 종그랑 복원 공사가 일본 군정하에서 실시되
었다는 것을 소개한 이는 지하라 다이고로千原大五郎다. 지하라의 『불교
사원 보로부두르의 힌두·자바의 건축 예술仏教ボロブドール ― ヒンズー·ジャワ
の建築芸術』(쇼와 44년(1969) 3월, 하라쇼보原書房)을 통해 그 내용이 밝혀졌
고, 점차 태평양전쟁 중 하나의 에피소드로 전해졌다.

북쪽으로
— 사할린

'남사할린'과 기무라 신로쿠 · 니오카 다케히코

메이지 8년(1875) 5월 러시아와 쿠릴열도·사할린 교환 조약이 조인되어 사할린 남쪽은 러시아령이 되었는데, 메이지 38년(1905) 9월의 러일 강화조약으로 '남사할린'은 일본령이 되었다.

일본령이 된 후 일본의 연구자는 바로 '남사할린'으로 가서 각 분야의 조사에 착수하는데, 고고학 조사[29]도 예외는 아니었다. 메이지 39년에 이지마 이사오飯島魁, 시모토마이 히데지로下斗米秀二郞가 답사한 데 이어, 다음 해에는 쓰보이 쇼고로坪井正五郞 · 이시

---

[29] '남사할린'의 고고학사에 대해서는 니오카 다케히코新岡武彦, 「사할린 고고학 연구사樺太考古学研究史」[『리레이 향토 연구利礼郷土研究』 제7호, 쇼와 26년. 이후 니오카·우타가와 히로시宇田川洋, 『사할린 남부의 고고자료サハリン南部の考古資料』(헤이세이 4년)에 수록]에 정리되어 있다.

다 슈조石田收藏의 스즈야鈴谷 패총 발굴이 이어졌다.

이어서 다이쇼 원년에 '남사할린'을 답사한 도리이 류조는 다이쇼 10년에는 '북사할린'까지 조사(도리이 류조,『흑룡강과 북사할린黑龍江と北樺太』, 쇼와 18년)의 범위를 넓혔다. 기요노 겐지는 다이쇼 13년 7월 스즈야 패총을 발굴해 다수의 인골을 수습했다(기요노 겐지,『일본 원인 연구日本原人之研究』, 다이쇼 14년 4월, 오카쇼인). 이처럼 '중앙'의 연구자가 바다를 건너가 조사한 것 외에도 쇼와에 들어와서는 연구자들이 '남사할린'에 머무르며 조사 활동을 이어나갔다.

그중에서도 기무라 신로쿠木村信六[30]는 쇼와 8년에 '기무라향토연구소木村鄕土研究所'를 창설해 활발한 조사를 계속하고,『기무라 향토 연구 소보木村鄕土研究所報』를 간행해 그 성과를 발표했다. 사할린청 순사였던 기무라는 도요하라豊原·시스카敷香·오치아이落合·야스베쓰安別·혼토本斗 등에서 근무하면서 유적 조사와 유물 채집을 수행했다. 특히 혼토에서는 다이보 요시아키大坊善章와 함께 혼토나이호로本斗内幌 철도 공사(쇼와 5년) 때 발견된 유적군에서 많은 자료를 채집했다. 기무라의 자료 1만 점은 그의 사후 사할

— 30 그의 업적은『쿠릴·사할린 문화지千島·樺太の文化誌』(쇼와 59년 10월, 북해도출판문화센터北海道出版文化センター)에 정리되어 있다. 이 책은 기무라 외에 와다 분지로和田文治郎·하야시 긴고林欽吾의 업적을 니오카 다케히코가 편집한 것이다.

린청박물관에 기증되었으며, 지금도 사할린주 향토박물관에 소장되어 있다. 현재 기무라는 '사할린 고고학의 아버지'로 불린다.

한편 쇼와 3년 사할린청박물관의 사업 후원을 목적으로 사할린향토회樺太鄕土會가 설립되어 고고학과 관련된 자료도 수집했다. 박물관 소속의 스가와라 시게조菅原繁蔵(식물학), 다카하시 다조高橋多蔵(동물학)는 자신들의 전문 영역뿐 아니라 고고학 관련 조사도 수행했다. 에노우라江ノ浦 패총의 발견과 조사는 유명하다.

한편 기무라와 마찬가지로 본업을 유지하면서 고고학 조사를 실시한 또 다른 이로는 니오카 다케히코[31]가 있다. 니오카의 족적은 '남사할린' 전역에 이르렀는데, 그는 쇼와 17년에 북사할린으로 넘어가 조사를 수행하고, 이후 쿠릴 각 섬의 조사에도 힘을 기울였다.

니오카의 '남사할린' 조사는 1930년대에 집중되어 있다. 니오카의 『유적 조사 야장遺跡調査野帳』에 의하면 쇼와 7~15년까지 각 지역을 조사했다는 것을 알 수 있다. 그 자료는 '니오카 컬렉션'으로 왓카나이시稚內市의 북방기념관北方記念館에 수장되어 있다.

— 31 그의 업적은 『사할린·북해도의 고문화樺太·北海道の古文化』 1·2(쇼와 52년 12월, 홋카이도출판기획센터北海道出版企画センター), 우타가와 히로시宇田川洋와의 공저 『사할린 남부의 유적サハリン南部の遺跡』(헤이세이 2년 10월, 홋카이도출판문화센터北海道出版文化センター), 『사할린 남부의 고고 자료サハリン南部の考古資料』(헤이세이 4년 12월, 홋카이도출판문화센터)에 정리되어 있다.

전문가에 의한 조사

쇼와에 들어와 '남사할린' 조사에 나선 고고학 전문가 가운데 이토 노부오伊東信雄(「사할린 석기시대 개관樺太石器時代槪觀」, 『돌멘』 제4권 제6권, 쇼와 16년 등)가 있다.

이토는 사할린청의 의뢰를 받아 쇼와 8년부터 다음 해까지 2년에 걸쳐 전 섬을 조사하고, 그 자료를 바탕으로 논문을 썼다. 「사할린의 선사시대 토기 편년 시론樺太先史時代土器編年試論」(『키다 박사 추도 기념 국사 논집喜田博士追悼記念国史論集』, 쇼와 16년)이 대표적인 업적이다.

또한 북쿠릴의 고고학적 자료를 개척한 바바 오사무馬場脩는 쇼와 10년에 '남사할린' 유적을 방문했으며, 그후에도 일본민족학회 북방 문화 조사단의 일원으로 히가시다라이카東多来加, 니시다라이카西多来加 두 패총을 발굴했다. 이 조사에는 오카 마사오岡正雄·고노 이사무도 참가했다.

그 외 '남사할린'에서 유적 발굴에 참여한 연구자로는 고노 히로미치河野広道·이노 덴타로稲生典太郎·스기하라 소스케杉原荘介·구보 쓰네하루久保常晴 등이 있다(이노 덴타로, 「사할린 에하마초 간기지우라 유적의 석부樺太栄浜町歓喜寺裏遺跡の石斧」, 『선사고고학』 제1권 제3호, 쇼와 12년. 스기하라 소스케, 「사할린 서해안—혼조마치 부근의 유적을 찾아서樺太西海岸—本庄町附近の遺跡を訪ねて—」, 『돌멘』 제2권 제12호, 쇼와 8년. 구보 쓰네하루, 「에노우라 패총 췌언江ノ浦貝塚贅言」, 『동탁銅鐸』 제2호, 쇼와

7년 등).

사할린청박물관(이토 노부오, 「사할린 박물관의 토속·민속·고고 樺太博物館の土俗·考古」, 『돌멘』 제4권 제3호, 쇼와 10년)에 고고실이 설치되어 있었다는 것을 간과하면 안 될 것이다.

파도 끝의 고고학
— 브라질 이민과 고고학

일본인들이 만 리의 파도를 넘어 남아메리카 브라질 땅에 농업 이민을 떠나기 시작한 것은 메이지 41년의 일이었다.[32]

당시 브라질의 상황을 보면, 68년간 존재했던 브라질제국이 1889년(메이지 22)에 쿠데타로 무너지고 연방 공화제로 바뀌어 1891년 2월 24일에 신헌법이 공포되었다. 브라질은 공화제하에서 활발하게 외교에 나섰고, 커피·고무 등의 수출로 경제가 풍요로워졌다. 커피 재배는 리우데자네이루주를 중심으로 이루어졌는데, 토지 부족 등의 요인이 겹쳐 생산이 감소하자 그 타개책으로 인근의 여러 지역을 개척해나가기 시작했다. 이미 제정 말기에 조

---

32 브라질 역사에 대해서는 야마다 무쓰오山田睦男 편, 『개설 브라질사概説 ブラジル史』(유히가쿠 선서有斐閣選書, 쇼와 61년 3월)를 보라.

성된 상파울루주의 커피 농원이 크게 늘어나면서 과거 커피 농원의 중심이었던 리우데자네이루주의 생산량을 압도했던 것이다.

노예 노동이 완전히 폐지되었기 때문에 상파울루주에 새로운 커피 농원을 조성할 때 노동자가 극도로 부족했고, 이에 대규모의 이민 도입책이 제기되었다. 상파울루주의 인구는 1872년에 83만 7,000명이었는데, 1900년에는 228만 3,000명, 1914년경에는 약 400만에 달했다고 한다. 일본으로부터의 이민은 이러한 배경을 바탕으로 이루어졌다.

1908(메이지 41)~1921년(다이쇼 10)까지의 일본 이민은 콜로노コロノ 이민이었다. 콜로노 이민은 "소정의 계약에 따라 고용되어 일정 기간 커피 농원에서 임금노동에 종사하는" 이민으로, 상파울루주 정부가 도항비를 "보조"했다. 그러나 "노동조건이 가혹했기" 때문에 정착하는 사람은 적었다. 그러자 주 정부는 일본 이민에 대한 도항 보조 제도를 폐지했고, 1925년 일본 정부가 도항 보조 제도를 도입했다. '해외흥업주식회사海外興業株式会社'를 통해 보조금을 지급한 것이다. 일본 정부는 그후로도 보조금 제도를 유지해 1932년(쇼와 7)에는 자기 자금이 필요 없는 이주가 가능해졌다. 그 결과 1933년에는 2만 4,000여 명이 브라질에 입국해, 일본인은 브라질 입국 이민자수 1위에 올랐다. 다음 해 브라질 정부는 신헌법을 바탕으로 일본 이민자의 입국을 제한해, 1935년 이후 일본 이민자 수는 감소했다.

도리이 류조의 지도

1936년 3월 11일, 상파울루의 일본 총영사관 관저에서 '브라질·인디오문화연구동호회文化研究同好会'가 발족했다.

상파울루주 전역에 분포해 있던 일본 이민자들은 커피 농원 등의 개척에 종사했기에, "석부, 토기 등이 상파울루 거주 일본인의 삽 끝에 걸리는 일이 예전에도 간혹 있었으나 그 유물들은 대개 흩어져 있었다". 그래서 "우선 그것들을 한군데로 모으고 전문가의 연구 자료로 삼는 것"을 "제1의 주안점"으로 하는 동호회가 결성된 것이다(이치게 고조市毛孝三, 「브라질·인디오문화연구동호회의 보고에 관하여ブラジル·インディオ文化研究同好会報告に就て」, 『브라질, 상파울루주 내의 고고학적 조사ブラジル'サンパウロ州内の考古学的調査』, 『인류학·선사학 총간人類学先史学叢刊』을, 선사학 제2책, 쇼와 14년 6월). 결성 당시 회원은 동호인 10명이었는데, 1년 후 60명이 되었다고 한다. 이를 통해 일본 이민자의 신천지에 대한 애착을 엿볼 수 있을 것이다. 동호회 초대 회장에 이치게 고조가 취임하고 포르투갈어로는 "Sociedade Arqeologica Brasileira de Amadores"(브라질 아마추어 고고학협회)로 관보에 등록했다.

최초의 발굴은 이과페Iguape군郡의 지포브라Jipobura 패총을 대상으로 실시되었다. 이어서 페드로 데 톨레도Pedro de Toledo의 알레크린Alecrin 패총을 발굴하고, 알리안사Alianca 유적군을 조사했다.

이들 유적의 발굴 조사를 도리이 류조가 지도했다는 것이 눈에 띈다. 도리이는 1937년 4월~1938년 2월까지 외무성 문화 사절로 브라질에 파견되어,[33] 페루·볼리비아의 잉카 유적 조사에도 족적을 남겼다.

1937년 5월 17일, 도리이는 상파울루 법과대학 강당에서 '일본의 고고학'이라는 제목으로 강연했다. 그후 5월 26일부터 29일까지 3일간, 지포브라 패총 발굴을 직접 지도했다. 이 발굴은 해외흥업주식회사가 자금을 출자해 '브라질·인디오문화연구동호회'가 실시했으며, 사카이 키주酒井喜重가 현지로 파견되었다. 상파울루주립박물관의 랑그 데 모레테스Langue de Morretes가 발굴을 지도하기도 했는데, 2개월에 걸친 장기간의 발굴이었다. 또한 알레크린 패총 및 알리안사 유적군도 조사했다.

도리이는 해외흥업주식회사의 지원하에 외무성 문화 사절의 신분으로 브라질로 건너갔는데, 브라질척식조합의 원조도 있었던

— 33 도리이 류조, 「브라질 인류학ブラジル人類学」, 『과학科学』 제8권 제7호, 쇼와 13년 등이 있는데, '브라질·인디오문화연구동호회'에 대해서는 다루고 있지 않다. 다만 쇼와 13년 3월 12일 〈고베 중남미 전시회神戸中南米事情展〉에서 「인디오 문화에 관하여インカの文化に就て」(『도리이 류조 전집』 12, 쇼와 51년 8월, 아사히 신문사)에 대해 강연하면서 이렇게 말한다. "저는 외무성 문화 사업부의 문화 사절로 브라질로 출발했습니다. 그곳의 일백문화협회日伯文化協会, 그리고 그곳의 각 정부 주요 인사분들 그리고 일본의 사와다沢田 대사, 그 외 서기관 등의 여러분들, 상파울루의 총영사 이치게 씨와 그 외 일본인 여러분의 도움을 받았습니다." 하지만 도리이와 '브라질·인디오문화연구동호회'의 구체적인 교류에 관한 도리이 측의 자료는 확인되지 않는다.

듯하다.

브라질의 보고서

브라질에서 일본인이 고고학 조사를 수행한다는 것을 도리이가 일본의 학술 관계 학회에 전하면서, 일본 이민자가 그 지역을 개척할 때 유적의 존재를 파악했을 뿐 아니라 조사 연구 조직을 만들어 활동했다는 것이 널리 알려졌다.[34]

귀국 후, 도리이는 '브라질·인디오문화연구동호회'의 발굴 조사 보고서를 출판하기 위해 노력했다. 그 결과 외무성의 문화 사업 보조를 얻어 『브라질 상파울루주의 고고학적 조사 ブラジル、サンパウロ州の考古学的調査』를 '『인류학·선사학 총간』 을, 선사학 제2책'으로 도쿄인류학회에서 간행했다. 쇼와 14년 2월의 일이었다. 이 보고서의 간행으로 '브라질·인디오문화연구동호회'의 존재가 일본 내 관계자에게 널리 알려졌다.

이것은 브라질의 일본 이민자들이 결코 경제적인 활동에만 급급했던 것이 아니라, 자료를 통해 그 지역 역사를 이해하려고 했다는 것을 보여준다.

'브라질·인디오문화연구동호회'의 활동은 1941년 12월 태평

---

34 이러한 사업을 학회 등의 정식 회합에서 알렸다는 기록은 없다. 다만 '브라질·인디오문화연구동호회'의 활동 성과를 발표할 수 있도록 외무성을 상대로 여러 노력을 기울였다는 것은 확실하다.

양전쟁이 발발하면서 좌절된다. 브라질의 참전으로 적국 자산이 동결되는데, 상파울루의 구리하라자연과학연구소栗原自然科学研究所[35]에 수장되어 있던 발굴 자료는 연구소의 식물 표본 상자와 함께 비밀리에 보관되었다. 활동의 중심이었던 사카이 키주는 1941년 8월 임시 귀국했다가 브라질에 돌아가지 못했다.

그리고 1945년 8월 평화가 돌아왔다. 사카이도 급히 브라질로 돌아갔다. 과거 도리이가 브라질에 갔을 때 함께 조사 발굴한 유물, 각지의 일본 이민자가 채집한 유물, 그리고 발굴 조사 내용을 기록한 노트 등도 무사했다.

1945년 9월, 제1회 아메리카니스터 회의가 상파울루시에서 개최되었다. 일본에서는 야와타 이치로가 참가했다(야와타 이치로, 「남미의 기념품南米土産」, 『일본 대학 고고학 통신日本大学考古学通信』 제3집, 쇼와 30년). 야와타는 예전에 도리이의 지시에 따라 『브라질 상파울루주 내의 고고학적 조사』를 편집 간행한 장본인이었다. 상파울루에서 야와타와 해후한 사카이는 과거의 보고서, 발굴 자료 등에 대해 이야기를 나누다 다시 책 한 권을 낼 것을 결심한다. 사카이의 보고서 『브라질 상파울루주 고고지ラジル·サンパウロ州考古誌』(쇼와 54년 11월, 롯코 출판)는 이렇게 완성된 것이다. 태평양전쟁으로 중

---

[35] 가미야 신이치神屋信一가 상파울루에 창설한 연구소. 자연과학을 중심으로 했지만 고고학 부문도 연구했다.

단된 '브라질·인디오문화연구동호회'의 성과가 사카이 키주에 의해 훌륭히 학계에 전해지게 된 것이다.

이처럼 일본의 고고학이 "대일본제국"이 "바라마지 않던" "동아 영원의 안정"을 위한 "신질서의 건설"에 영합한 것은 역사적 사실로, "침략"에 가담한 것이라는 평가를 받게 되었다.

제국주의의 식민지 지배는 그 지역에 있는 풍부한 자원뿐만 아니라 문화유산 역시 수탈했다. '대일본제국'도, 일본의 고고학도 예외는 아니었다.

일본 정부의 척식拓殖 추진은 해당 국가의 상황에 따라 전개되었는데, 브라질 이민이 실현되면서 그 지역에 고고학 조사의 움직임이 일어났다는 것은 주목할 만하다. '대동아공영' 지역이 아닌 '외지', 그것도 브라질에서 일본 이민자에 의해 고고학 조사가 이루어졌다는 사실을 간과할 수는 없을 것이다.

3부 　　　　　　　　　　　 건국의 고고학

건국의 사적과 고고학

「건국의 사적」

쇼와 15년 2월 11일, 이시카와 긴지로石川銀次郎(오사카〈아사히 신문〉 사원)는 『건국의 사적肇国の史蹟』(리츠메이칸 출판부立命館出版部)을 출판했다. 이 책의 「서문」을 쓴 역사학자 우오즈미 소고로魚澄惣五郎는 저자가 "19년" 이상 "한결같고 끊임없이 천황의 성스러운 사적을 모두 순배巡拜"하여 "마침내 이천육백년이 되는 이해에 노작을 완성"했다며, "국민 대망의 책"이라고 감격스러워했다.

역시나 그해 2월 15일에 2판, 3월에 3~5판을 찍는 등 증쇄를 거듭했다.

일본은 지금 융성하며 약진하고 있다. 우리들은 흥륭하는 일본에 태어난 행운을 마음속 깊이 느끼는 동시에, 약진하는 일본에서 삶의 가치가 있는 생활을 영위할 수 있다는 데 이 일본 국가를 건설해 주신 황조皇祖에 감사하는 마음을 억누를 수 없다.

이런 인식하에 "진무 시대神武時代의 전설의 장소들을 역사지리적으로 기술"한 이 책은 "처음부터 끝까지 기紀에 따라" 쓰였다. "진무 천황이 태어난" 장소를 찾는 것에서 시작해 "붕어崩御"한 지역까지, 69항에 이르는 각각의 전설지를 '순배'하고 검토해 의견을 이야기한다. 그 내용은 단순히 전설지의 답사에 그치지 않는다. 예를 들어 '기타큐슈 순회'에서는 가케노우마코고이시鹿毛馬神籠石(후쿠오카현 가호군福岡県嘉穂郡)에 관해 다루며 '산성설山城説'보다는 '신대 사상神代史上에 보이는 이와사카磐境*라고 불리는 신성한 장소'라고 설명한다. 또한 '쿠사카草香'에서는 쿠사카日下 패총(오사카부 나카카와치군大阪府中河内郡)에 세워진 '쿠사카 패총비'에 관해 해설한다. 패총비의 측면에 새겨진 "구비로 전해지기를 진무 천황 동정東征의 때에 황제가 고전한 구사에자카孔舎衛坂가 이곳이다"라는 내용과 뒷면의 "쇼와 2년 11월 3일 세움"이라고 새겨져 있는 내용을 소개하는 한편, 근처의 "이 부근 석기시대 유적지"라고 쓰여 있는 비에 대해서도 설명한다.

"진무"의 사적은 "신령神靈이 그렇게 만든 곳으로, 그것은 대

---
* 신이 내려오는 장소.

개 후세에 있어서 중요 지점이 되어 있으며", "군사·정치·경제상 우리 일본국이 등한시할 수 없는 곳"으로, "천황의 신령이 위대하다는 것을 지금에 와서 다시 숭경하며 되돌아보아야 한다"라고 맺고 있다.

'진무 천황'의 전설지로서의 '사적史蹟'[1]을 탐색한 이 책은 규슈九州부터 기나이畿内 각지에 이르기까지 다양한 곳을 다루고 있다. 그러면서 고고학 유적의 존재도 다루는데, 그것은 '건국의 사적'이 오래되었음을 보여주기 위한 것으로 보인다. 『일본서기』의 기술을 중심으로 '진무 천황'의 동정을 검토하는 이 책에 고고학 유적이 등장하는 것은 나름의 의미가 있다. 유적지가 유구한 장소라는 인상을 주는 데 극히 효과적이기 때문이다.

결과적으로 『건국의 사적』은 이후에 간행된 문부성의 『진무천황 성적 조사 보고 神武天皇聖蹟調査報告』(쇼와 17년 3월)보다 앞서 보급서로 역할하게 되었다.

기원 이천육백년 이후 '산릉山陵'* 순배서巡拜書가 연이어 출판되었지만, '진무 시대'의 '사적'을 주제로 한 기행문 중 두드러진 작품은 없었다. 그것은 기원 이천육백년이라는 시기에 어울리는 것이었기 때문이다.

1　가쓰이 준勝井純, 『진무천황어동천성적고神武天皇御東遷聖蹟考』(쇼와 12년 12월, 코진샤巧人社)가 『건국의 사적』에 앞서 간행되었다.

* 천황의 무덤.

고토 슈이치와 『일본의 문화 여명 편』

"쇼와 15년은 실로 황기皇紀 이천육백년에 해당해, 나라를 일으켜 황국굉모皇国宏謨의 유원을 축복하며 국민의 국사에 대한 관심은 최고조에 달했다"는 인식하에 "우리 상고시대 문화사를 고고학 연구의 관점에서" 소개하기 위해 기원 이천육백년 축전의 하나였던 라디오 특별방송 〈국사 강좌国史講座〉를 4회에 걸쳐 방송하는 데 앞장선 것은 고토 슈이치였다. 첫 방송은 쇼와 15년 1월 4일에 이루어졌다.

고토는 다이쇼 10년부터 도쿄 제실박물관에서 오랫동안 감사관으로 근무하다 쇼와 15년에 퇴직한, 일본을 대표하는 고고학자이다.

방송은 '일본 고대문화의 여명日本古代文化の黎明', '야마토 문화의 형성大和文化の形成', '고분 문화의 발전古墳文化の発展', '고유와 외래固有と外来'라는 제목으로 구성되었다. "이 방송을 들은 지방 청취자가 일부러 편지를 보내 비판하거나 앞으로의 연구에 대해 격려했을 뿐 아니라 이것을 인쇄해 세간에 발표하도록 장려한 인사가 적지 않았던 것"에 고토는 감격해 "의견을 수정하고, 각 항을 해설"한 한 권의 책을 발간한다.

바로 『일본의 문화 여명 편—고고학상으로 본 일본 상대문화의 성립日本の文化 黎明篇—考古学上より見たる日本上代文化の成立』이라는 제목의 책이다. 이 책은 쇼와 15년 1월 고고학자 후지모리 에

이이치가 경영하는 아시카비쇼보에서 출판되었는데, 광고에 다음과 같이 소개되었다(『고대문화』 제13권 제1~3호, 쇼와 17년 1~3월).

> 이 책은 일본 고고학계의 대가 고토 슈이치 선생의 라디오 강좌 원고를 선생이 직접 엄밀하게 교정하고 다수의 각주·도판을 추가한 것으로, 현 고고학계에서 바라보는 일본 고대문화의 양상을 완전히 구명하고, 그것을 일반인의 요청에 따라 평이하고 친절하게 설명한 것이다. 일본 문화를 논하는 사람들은 반드시 이 책을 참고해 일본 문화 확립기의 정신적·경제적·문화적 고조高潮의 진상을 파악하기를 바란다.

광고 문구에서 볼 수 있듯 이 책은 라디오 방송 원고를 그대로 묶은 것이 아니라 상세한 각주가 부가되었다는 특색이 있다. 각주는 본문의 단순한 보충 설명을 넘어 당시 일본 고고학계의 수준을 보여주는데, 거기에 더해 문헌 자료가 제시되고 사진 도판도 삽입되었다.

신간 소개를 쓴 고노 이사무는 "돌다리를 두드리고도 건너지 않는 고토 씨"가 "오랜 학문 연구 생활과 막대한 자료를 통해 일본 고대문화론을 발표했기에 우리들은 크게 괄목할 수밖에 없다"고 설명하며, "입론으로는 충분한 자료로, 첨부된 수많은 각주는 본문의 양을 넘어설 정도로 각 항에 자세하게 설명되어 있다. 선생은 오히려 이것에 힘을 기울인 것으로 생각된다"(〈신간 소개〉 고토 슈이치 저, 『일본의 문화 여명 편』, 『고대 문화』 제13권 제6호, 쇼와 17년 6월) 고 감상을 밝혔다.

기원 이천육백년을 맞이할 무렵, 고고학자는 일본 문화의 "여명"을 어떻게 파악하고 있었을까. 매우 주목되는 부분이 아닐 수 없는데, 그 부름에 응한 것이 고토의 라디오 방송, 그리고 『일본의 문화 여명 편』이었다고 할 수 있다. 상세한 각주는 확실히 학문적으로 유용했으며, 당시 학계의 수준과 문제점이 정리되어 있어 고고학자에게는 복음과도 같았다.

동시에 "우리들은 야요이식弥生式 문화가 연원한 지역을 찾을 때 조선 내지 만주를 한층 더 정밀하게 조사하는 동시에 산둥반도부터 동중국해 연안 지방에 이르는 지역에 대한 조사 결과를 기다려야 합니다. 우리 고대인의 생활은 바다에 익숙하며 북쪽의 색채를 띠면서도 근저에는 남쪽의 향기가 난다는 사실을 항상 염두에 두고, 그것을 해결하기 위해 나아가야 할 것입니다"(26페이지)라는 주장은 주목할 만하다.

이해의 2월 쓰다 소키치津田左右吉의 『고사기 및 일본서기 연구古事記及日本書紀の研究』, 『신대사 연구神代史の研究』, 『상대 일본 사회와 사상上代日本の社会と思想』, 『일본 상대사 연구日本上代史研究』가 발매 금지되었다.

신대문화연구소의 발굴

쇼와 17년, 도쿄 긴자에 신대문화연구소神代文化研究所라는 연구소가 있었다. 이 연구소는 아키타현 오유秋田県大湯의 환상열석[2]을 발굴한 적이 있다.

오유의 환상열석은 현재 국가 특별 사적으로 지정되어 있는데, 최초로 발견된 것은 쇼와 7년 12월로 거슬러 올라간다. 발견자는 아사이 스에키치浅井末吉였고, 이후 환상열석의 조사 연구와 보존을 목적으로 설립된 오유향토회大湯郷土会가 관리를 담당했다. 발견 후에 아키타현 사적 조사원인 무토 이치로武藤一郎, 그리고 기다 사다키치가 답사를 실시해 중요한 유적이라는 사실이 확고해졌다.

쇼와 17년 7월, 신대문화연구소는 고고학자인 요시다 도미오 등을 파견해 환상열석을 발굴 조사했다.

요시다 도미오는 도쿄고고학회의 동인으로 『고고학』 및 『고대문화』지에 야요이식 문화를 중심으로 하는 논문·보고를 발표

---

2 오유의 환상열석과 관련해 태평양전쟁 후에 고토 슈이치·고노 이사무·요시다 이타루吉田格·에사카 데루야 등이 발굴 조사를 실시했으며, 문화재 보호위원회(현지 책임자 사이토 다다시)가 대규모 발굴 조사를 실시해 보고서(『오유 환상열석大湯環状列石』, 쇼와 28년 3월)를 간행했다. 그리고 오유향토사연구회大湯郷土史研究会는 조사 연구사를 자세히 기록한 『특별 사적 오유 환상열석 발굴사(전편)特別史蹟大湯環状列石発掘史(全篇)』[쇼와 48년(1973) 10월]을 간행했다.

하고 판챠난 미트라의 『역사 이전의 인도』(쇼와 18년)도 번역 출간하는 등 유적 발굴에는 익숙한 연구자였다.

발굴은 8월에도 이어졌으며, 9~10월에 제2차 조사가 실시되었는데, 요시다는 연구소의 연구 부원으로 발굴을 지도했다. 연구소 이사인 고데라 고지로小寺小次郎는 발굴 결과를 두고 "오늘날 우리가 대동아의 지도자로 위대한 일본 정신을 발휘하는 것은 과거에도 그랬듯 세계에 으뜸가는 최우수 민족이며 우리나라가 세계문화의 발상지이기 때문이다"라고 감회를 말했다고 한다.

이 발굴과 관련해 요시다는 만자万座(만좌) 유적의 철저한 조사를 기획했으며, 발굴 면적은 약 1,000평에 "환상열석 유적의 표지적인 형식을 갖추었다"고 보고서에 기록했다. 또한 쇼와 17년 9월 28일에 개최된 신대문화연구소 좌담회 석상에서 "저런 복잡한 부석敷石 구축물은 세계 석기시대 유적 중에서도 드문 종류에 속하지 않을까", 그리고 계속적인 연구로 "일본 신대 문화의 우수성이 한층 더 밝혀질 것으로 생각"한다는 의견을 개진했다고 한다.

이러한 요시다의 견해와 별개로 연구소의 이사였던 다타이 시로우지田多井四郎治는 "오유마치 나카미치히라大湯町中通平, 우노 나카도宇野中堂 및 만자의 유적·유물은 아이누인의 유적·유물이 아니라 태고 일본 신족神族이 남긴 유적·유물이라고 단정했으며, 석조 건설물은 집터가 아닌 고분군이라고 판단하고 그것을 이하사카イハサカ 구릉이라고 명명"했다. 이러한 견해는 "일본 신족",

"일본 신대 문화의 우수성"을 강조하는 것이었다.

"신대 문화" 연구를 목적으로 개설된 신대문화연구소가 쇼와 17년 당시 연구부(고고학·지질학·인류학·언어학·사학·기타) 전문가를 동원해 조몬시대의 환상열석을 발굴했다.

정말로 그 시절이었기에 가능한 일이었다.

일본고대문화학회의 탄생과 활동

일본고대문화학회의 탄생

쇼와 16년 2월 16일 도쿄 우에노上野의 세이요켄精養軒에서 '일본고대문화학회'의 발회식을 겸한 제1회 총회가 개최되었다.

'일본고대문화학회'는 '도쿄고고학회', '고고학연구회', '중부고고학회'가 합쳐져 발족한 단체로, 『고고학』, 『고고학 논총』, 『중부고고학 휘보中部考古学会彙報』의 3개 기관지에 더해 『고대문화』를 발간했는데, 『고대문화』는 도쿄고고학회의 『고고학』의 제목을 바꾸고 권호를 계승한 것이다.

제1회 총회는 "궁성오배宮城遙拜하고 황군장사皇軍将士에 감사의 묵도를 올린 후" 의사議事에 들어가, 개회 인사(미쓰모리 사다오), 성립 경과 보고(스기하라 소스케), 일본고대문화학회의 주장主張(고토 슈이치), 참석자의 소감, 폐회사(마루모 다케시게丸茂武重)의 순

서로 진행되었다. 학회의 본부 위원은 다음과 같다.

이나무라 단겐稻村担元·에가미 나미오·오바 이와오
구와야마 류신桑山龍進·고노 이사무·고토 슈이치
시노자키 시로篠崎四郞·스기하라 소스케·쓰보이 료헤이
나오라 노부오·바바 오사무·히구치 기요유키樋口清之
히고 가즈오肥後和男·후지모리 에이이치·마루모 다케시게
미쓰모리 사다오·야지마 기요사쿠矢島清作

위원장에는 고토, 편집 주임에는 미쓰모리가 취임했다.
'일본고대문화학회 설립 취지'는 다음과 같다.

건국 이래 2601년, 만세일계의 천황이 계시어 황은皇恩이 만민에게 널리 성덕팔굉聖德八紘에 빛난다. 신민臣民 또한 충효무용忠孝勇武하며, 선조 때부터 대대로 황국의 도의를 선양하고, 군민일체가 국운을 융성케 하는 것이 국사國史의 임무라는 것은 명확하다. 지금이야말로 동아 선린의 제방과 결집하여 공존공영의 열매를 맺고, 독일·이탈리아 양국과 동맹을 맺어 세계 신질서 건설의 위업을 이루려는, 정말로 공전의 미증유의 때라고 할 것이다.

고고학의 학문적 업적을 되돌아보면, 황국이 문화를 따라 흘러온 것이 지극히 오래되었을 뿐 아니라 그 우수함을 만방에 과시할 만하며, 몇천 년을 변천하여도 시종 일본 문화의 특성을 분명하게 발휘해왔다. 또한 동아의 제방은 각각 자기 문화를 전개하면서도 서로 의지하고 통한 결과, 세계에서 각자 독자적으로 발전한 동시에 항상 그 정화精華를 우리나라에 전달했다.

그렇다면 황국의 위업인 동아공영권의 연원은 오래되었으며 서로 관련되어 오늘에 이르고 있다는 것을 천명하는 것이 이 학문의 본령이며, 우리들이 봉공해야 할 부분은 실로 여기에 있다고 해야 할 것이다.

이 학문은 연구 대상을 지방의 유적 유물에서 구하고, 정치한 관찰과 투철한 견해의 종합에 기대지 않을 수 없다. 그러나 유적은 불시에 발견되고, 유물은 인멸되고 산일되기 쉽다. 따라서 연구의 기초를 지방의 안목을 갖춘 인사에게 맡겨야 하는 경우도 있지만, 긴밀한 연계와 자료의 공유를 필요로 하는 데 있어 고고학을 따를 것이 없다. 따라서 한 연구소 또는 한 연구자가 단독으로 잘할 수 없음은 이 학문의 지금까지의 성과를 비추어도 분명한 바, 우리 일본고대문화학회 설립 방침을 '분립과 배타를 물리치고 공동으로 협력하여 합동조사의 열매를 얻는 것'으로 삼으려는 것도 바로 이 때문이다.

도쿄고고학회·고고학연구회 및 중부고고학회는 우리들의 의도에 찬성하여, 빛나는 역사와 확고한 기초를 가지고 있는데도 그 학회를 해체하고 흔연히 우리 일본고대문화학회에 참가·융합하기로 결심하였는데, 이는 우리 학회 근래의 유쾌한 일로 감격스러운 마음이 매우 크다. 이에 세 학회의 합동에 기초하여 동지의 참가를 청하고 서로 제휴하여 일본 및 동아 고대 문화를 연구하는 것으로 국가 봉공의 작은 뜻을 이루고자 한다.

일본고대문화학회는 "지금이야말로 동아 선린의 제방과 결집하여 공존공영의 열매를 맺고, 독일·이탈리아 양국과 동맹을 맺어 세계 신질서 건설의 위업을 이루고자 하는, 정말로 공전의 미증유의 때라고 할 것이다"라고 소리 높이고 있다.

이 학회는 도쿄 제실박물관(의 감사관)을 사임한 고토 주도하에 도쿄고고학회의 스기하라·쓰보이·후지모리·마루모 등과 고고학연구회의 미쓰모리 등이 중심이 되어 조직되었고, 기관지 『고대문화』의 편집 주임에는 미쓰모리가 취임했다.

학회의 성격

일본고대문화학회의 성격은 〈설립 취지서〉 및 〈회칙〉에 단적으로 나타나 있다. "본회는 일본 및 동아에서의 고대문화 조사 연구에 노력하여 황국굉모를 천명할 것을 목적으로 한다"고 밝히며 학회 명칭에 '일본'을 붙였는데, 그것은 "일본에서의 의미로, 연구의 범위는 일본을 중심으로 하되 동아 제방을 포함한" 것이다. 그리고 『고대문화』는 회원의 연구 성과 발표, 공동 연구 조성, 고고학 보급의 목적 달성이라는 세 가지 방침을 표방했다.

일본고대문화학회는 일본고고학회·일본인류학회 그리고 사전학회와 함께 일본 고고학의 주요한 연구 세력 중 하나가 되었다. 특히 『고대문화』에서 볼 수 있는 학회의 주장은 다른 학회와 비교할 때 특색이 있었다.

쇼와 17년 1월 『고대문화』 권두에 '쇼와 17년을 맞이하며'라는 제목에 '위원 일동'의 이름으로 '학구봉공学究奉公의 진심'이 크게 강조되어 있다

쇼와 17년을 맞이하며
　쇼와 17년 원단元旦을 맞이하며

성수만세聖寿万歲
를 기원하고, 또한 만주에서, 중국에서 혹은 태평양 각지에서 전병사한 황군장사의 영령에 감사 기도를 올리며, 바야흐로 육지에서 바다에서 대동아공영의 열매를 맺고자 끊임없이 고군분투하는 그들의 노고에 가슴에서 우러나오는 감사를 표한다.

그리고 우리 일본고대문화학회 회원들은 올 연초에 있었던 학회 창립 당시의 감격을 새로이 하고 학구봉공의 진심을 다할 것을 맹세하는 바이다. 작년 1년 동안은 창립 후의 기초 안정에 집중했다. 다행히 회원 수는 600명을 돌파하고, 회원들이 그토록 바라던 "회원의 학회"다운 모습도 점점 결실을 거두어가고 있다. 여기에 황국의

미증유의 역사가 전개되려 하는 해의 원단을 맞아 올해야말로 학회로서 새롭게 활약하고, 학계에서 학회와 회원의 학회라는 두 가지 목적을 향해 달려갈 것을 기약한다.

위원 일동

같은 호의 「편집후기」에 "동아대전쟁은 결국 올 것이 온 것으로, 국민은 비로소 힘을 다해 싸울 의욕을 가지게 되었다. 일억의 국민은 성전 완수의 목적을 다하기 위해 전력을 다할 것이다"라고 고무하는 문장이 쓰여 있다.

「편집후기」에서

『고대문화』의 「편집후기」는 학회지에 실린 글로는 매우 독특했다. 아래에서 몇몇 사례를 살펴보자.

쇼와 17년 3월호: 남쪽으로 남쪽으로라고, 군대의 바로 뒤에서, 동양 문화를 재편성해나가야만 하는 성대聖代의 일본 문화…….

쇼와 17년 12월호: 그때, "이기고 올게"라고 용기 있게 출정에 나선 동학의 사람이 많다. 고고학계의 명물 에사카 군도 그중 한사람이다. 여기에서 다시 한번 제씨의 무운장구를 기원한다.

쇼와 17년 12월호: "임시 뉴스를 알려드립니다." 작년 12월 8일 오전 7시 반, 라디오는 두 번 정도 같은 말을 되풀이했다. 그러고 나서 감격에 가득한 목소리로 "제국 육해군은 서태평양에서 영국·미국과 전쟁 상태에 들어갔다"는 방송이 나왔다. 그때로부터 거의 만 1년이 지났다. 그날의 내 일기장을 펼쳐보면 "해냈구나! 혼자서 크게 주먹을 쥐고 하늘을 향해 흔들었다. 아침 밥상으로 다시 돌아간 뒤에도 흥분이 가라앉지 않아 밥이 잘 넘어가지 않았다. 어떻게 표현해야 좋을지 알 수 없는 흥분과 감격이 뭉클하게 가슴속에서 복받쳐 올라왔다"고 쓰여 있다. 분명 나뿐만 아니라 일본인 누구라도 그러했을 것이다. 1년 후의 오늘도 우리 모두의 마음은 분명 그 당시와 조금도 달라지지 않았다. 그렇지 않다면 미영 격멸의 백년 전쟁에서 이겨낼 수 없다.

쇼와 18년 1월호: 황기 2603년, 대동아전이 계속되는 가운데 다시 돌아온 신년이다. 지나사변이 발발한 지 꼭 7년째, 어쨌든 어떠한 괴로움을 무릅쓰고라도 전쟁에 이겨야만 하는 일본이다. 설날의 해돋이를 보았던 그 기분으로, 자 올해도 모두 건강하고 명랑하게 나라를 위해 일합시다.

쇼와 18년 2월호: 양춘陽春이 온다. 대동아전의 어려움 속에서도 나무들은 싹을 피우고, 새들은 지저귄다. 봉공의 한순간에도 답사와 발굴에 힘을 쏟고, 신체를 단련하고 지식을 키우자.

쇼와 18년 7월호: 그렇다고 해도 시국은 매일 급박해진다, 본회는 본래 젊은 연구자를 회원으로 받아들이는 것이 자랑이었는데, 그 젊은 제군은 모두 발굴의 삽을 던져버리고 연구서를 덮고 용맹하게 군무에 복무하고 있다고 해도 좋을 것이다. 이번 호에 실은 두 위대한 논문의 저자 가운데 한 사람은 이미 먼 전장에 있으며, 다른 한 사람도 갑종 합격의 영광을 차지했다…. 아직 젊은 후지모리 군은 고고학 논문을 정리하고 출진했다.
…사노 군은 본고를 초고로 졸업논문을 쓰고 지금은 느긋하게 입영일을 기다리고 있다.

쇼와 18년 9월호: 시국은 점점 가혹하고 격렬해지고 있다. 우리 국민은 일억의 힘을 모아 전력 증강의 한길에 힘을 모으고 있다. 법학·문학·경제학 학과생의 징병 유예가 정지되어, 대학 및 전문학교 재학 중의 학생 제군은 용맹무쌍하게 출정에 나서고 법학·문학·경제학 대학은 일시 휴학하게 되었다.

쇼와 18년 10월호: …시국이 가혹하고 격렬해지면서 출판계에도 큰 파도가 연이어서 밀어 닥쳐온다. 인쇄업체의 정비에 이어서 대폭적인 출판업체 정비가 눈앞에 다가오고 있다. 국가를 보았을 때 전쟁

앞에서는 어떠한 것도 참아야 한다. 국가의 요구에 응하지 않으면 안 된다.

『고고학』의 「편집기」에서

『고고학』제11권(엄밀하게는 제11권 제11호)까지의 「편집기」와 비교하면 정말로 이질적인 문장이 쓰여 있다. 물론 『고고학』의 「편집기」에도 각 시절의 추세에 따른 나름의 설명이 있다. 마지막 권이 된 제11권의 「편집기」에서 사례를 발췌해보자.

쇼와 15년 2월호: 황기 이천육백년 기원의 가절佳節, 우리는 『고고학』제11권 제2호의 편집을 완료했다. 정말로 어떠한 차질도 없이, 정말로 글자 그대로 10년을 하루같이 변함없는 '고고학'이다. 그러나 동시에 계속되는 난국이 우리의 앞길을 방해하지만 이 발걸음은 예전부터 지금까지 조금도 변함이 없다. 그리고 1년 그리고 또 1년, 우리들의 '고고학'은 영원히 우리들의 '고고학'으로 축적되어갈 것이다.

쇼와 15년 5월호: 일본 원시문화의 문제가 황기 이천육백년을 기해 여러 방면에서 검토되어왔다. 그에 관한 고고학도의 노작도 적지 않은 동시에 의견도 날카롭게 전개되어왔다. 우리 고고학자들은 세간에 횡행하는 고대사가나 사상가들의 전율마저 느껴지는 출판물을 보고 그것들이 또한 국민 대중에게 크게 받아들여지는 사실을 생각하며 크게 자중해야 한다고 통감한다.

『고고학』의 「편집기」가 어디까지나 게재된 논문에 대한 의미 부여가 주된 내용이었던 것에 비해『고대문화』의 「편집후기」는 수록 논문에 대한 코멘트인 동시에, 아니 그 이상의 무게로 특정 가치관에 바탕해 시국을 이야기하고 있다. 이 점에서 일본고대문화학회의 특징을 찾을 수 있다.

발회식의 의례

일본고대문화학회는 발회식을 겸해 제1회 총회를 거행했는데, 의사에 들어가기 전에 '국민의례'를 했다. 당시에는 회합의 의사 진행에 앞서 국민의례를 하는 것이 의무화되어 있었기 때문에, 일본고고학회 제47회 총회(쇼와 17년 4월 25일)에서도 '궁성요배, 전몰군인의 영령에 대한 감사 및 황군의 무운장구를 기원하기 위한 묵도를 올린 후' 의사에 들어갔는데(「제47회 총회 기사」,『고고학 잡지』 제32권 제5호, 쇼와 17년 5월), 당시로서는 아주 일반적인 총회의 광경이었다. 그러나 그 회칙에 정해져 있는 목적을 비롯해, 기관지의 「편집후기」에 '대동아공영'에 영합하고, '성전聖戰'을 관철시키려는 기개가 가득했다는 것을 부정할 수는 없다.

『고대문화』는 쇼와 18년 10월 제14권 제10호를 마지막으로 학계에서 사라졌다. 최종호의 「편집후기」를 보면 고토 슈이치 위원장이 "편집자의 요청에 따라" 글을 썼는데, "국가를 보았을 때 전쟁 앞에서는 어떠한 것도 참아야만 한다. 국가의 요구에 응하지 않으면 안 된다"고 주장한다.

일본고대문화학회의 발회식을 겸한 제1회 총회가 개최된 쇼와 16년 2월 16일로부터 수개월 전, 관련된 여러 분야에 먼저 〈일본고대문화학회 설립 취의서〉가 발송됐다. 이 취의서를 보면, 정말로 시국에 영합한 것이라고 할 수 있을 것이다.

일본고대문화학회의 결성과 활동은 당시 사회 상황을 민감하게 반영했던 것으로 이해할 수 있을 것이다.

고노에 신체제와 고고학

쇼와 15년 7월 22일, 제2차 고노에 내각이 성립했다. 그리고 26일 "황국의 국시國是는 팔굉八紘을 일우一宇로 하는 건국의 대정신을 바탕으로 세계평화를 확립하는 것을 근본으로 하여, 우선 황국을 핵심으로 일본, 만주, 중국의 강고한 결합을 근간으로 하는 대동아의 신질서를 건설하는 데 있다"는 방침을 표방한 〈기본 국책 요강〉이 각의에서 결정되었다. 이것을 수용한 외무대신 마쓰오카 요스케의 발언은 매우 주목된다. '대동아공영권'을 주장했기 때문이다. 8월 1일의 마쓰오카 발언은 앞의 〈기본 국책 요강〉에 맞추어 7월 27일에 대본영大本營과 정부의 연락 회의連絡会議가 채택한

〈세계정세의 추이에 따른 시국 처리 요강〉이 그 배경을 이루고 있다(오케타니 히데아키桶谷秀昭, 『쇼와 정신사昭和精神史』, 헤이세이 4년 8월). 〈세계정세의 추이에 따른 시국 처리 요강〉은 무력행사를 포함한 남진정책을 의미했다.

9월 27일 '일본·독일·이탈리아 3국 동맹'이 조인된 데 이어 10월 12일 '대정익찬회大政翼贊会' 발회, 11월 10일~14일의 여러 '기원 이천육백년 축하' 행사, 11월 23일 '대일본산업보국회大日本産業報国会' 창립이 이어진다. 한편 도쿄 제실박물관에서는 11월 5일~24일까지 〈정창원어물특별전正倉院御物特別展〉을 개최했다. 정창원 유물이 최초로 일반에 공개되는 자리였다.

제2차 고노에 내각이 추진한 '신체제' 운동은 기존 정당을 해체하고 대정익찬회를 결성한 것에서 알 수 있듯 기존 국내 체제의 쇄신을 지향했다.

이러한 가치관을 바탕으로 고고학계에도 쇄신의 바람이 불었다.

일본고대문화학회의 전신

세 민간단체인 도쿄고고학회, 고고학연구회, 중부고고학회의 합병이 실현되었다. 도쿄고고학회는 쇼와 5년 1월에 "고고학에 관한 지식의 보급 및 연구자 간의 교류"를 목적(회칙 제2조)으로 발족했다. 기관지 『고고학』(발회 시에는 격월간이었으나 후에 월간으로 바뀌었다)을 발간했으며 모리모토 로쿠지가 주재했다. 모리모토 사후, 쓰보이 료헤이가 중심이 되어 합병 직전(『고고학』 제12권 제1호, 쇼와 16년 1월)까지 오사카시 스미요시구 아베노住吉区阿倍野 3초메 10번지에 학회 사무소를 두었다.

고고학연구회는 교토 제국대학 출신이 중심이 되어 쇼와 11년 봄에 발족했다. 『고고학 논총』을 기관지로 발간했는데, 주로 미쓰모리 사다오가 실무를 수행했다. 합병 직전에 『고고학 논총』 제15집(쇼와 15년 4월)을 간행했다. 사무소는 교토시 사쿄구 햐쿠만벤左京区百万遍의 교토 아파트 내에 있었는데, 주간인 미쓰모리는 도쿄로 거처를 옮겼다.

중부고고학회는 에마 슈江馬修가 제창하고, 하야시 가이치林魁一가 적극 동참해 발족한 학회로, 야와타 이치로를 중심으로 쇼와 11년 8월에 발회식을 거행했다. 기관지는 『중부고고학회 휘보』였으며, 사무소는 도쿄시 혼고구 고마고메센다키초本郷区駒込千駄町 47번지에 있었다. 다른 두 단체와의 합병 직전에 제4년 제2보(쇼와 14년 4월)를 발간했다.

이 학회는 "중부 지방을 고고학적으로 연구해 일본 고문화를 천명하는 데 기여하고, 더불어 회원 간의 연락 교류에 이바지하는 것을 목적"으로 결성되었으며, "편의"상, 도쿄에 사무소를 두었다.

후지모리 에이이치의 술회

재야에 있는 세 연구회의 합병과 관련해 후지모리 에이이치의 회고가 잘 알려져 있다. 쇼와 42년(1967) 7월에 출판된 『가모시카미치 이후かもしかみち以後』(가쿠세이샤)에 수록된 「도쿄 귀향의 기록東京里かえりの記」이 그것이다.

그 무렵(쇼와 15년 봄) 후지모리는 극심할 정도로 "가난"했는데, 고고학연구회 주간이었던 미쓰모리 사다오도 "마찬가지 상태"였다. 이러한 상황을 본 마루모 다케시게는 "재야의 연구회를 통합하고 아카데미의 고고학회나 인류학회도 참가시켜 강력한 거국 체제를 만드는 동시에 연구자의 안정을 꾀하려는 의도"를 가졌다고 한다. 그리고 "마루모 군의 활약으로 차츰 이야기가 진행되었다".

"어느 쪽으로 구른다고 해도 지금보다 나빠질 리는 없겠지. 그러한 안이한 마음"을 가졌던 후지모리로서는 고고학계의 "거국 체제"에 "이의가 없었다". 그러나 "관학官学은 전혀 움직이지 않았고" 재야의 세 단체만 참가했다.

후지모리의 이 이야기에 의하면 합병을 기획한 것은 마루모였다. 후지모리는 마루모의 목적 중 뒷부분인 "연구자의 안정"을 탐냈던 듯하다. 그렇다면 그 앞부분, 고고학계의 "거국 체제"를 둘러싸고는 어느 정도의 의견 교환이 있었을까. 후지모리의 수기로는 그 내용을 알 수 없다. 아무래도 합병의 주창자는 마루모였던 듯하지만, 그것을 뒷받침해주는 자료는 찾을 수 없다.

『고대문화』로 명명한 최초의 호(『고고학』에서 제목을 바꾸었다)는 제12권 제2호(쇼와 16년 2월)였다. 이 호에 마루모는 '최근의 고대 사학계最近の古代史学界'라는 제목의 시평을 게재해, "고대 사학의 동향은 결코 조용하지 않으며 분열되고 있다. 괜찮다. 가치의 전복은 동시에 가치의 창조이다"라고 견해를 밝혔다. 한편 일본고대문화학회의 발회식을 겸한 제1회 총회의 폐회 선언은 마루모가 담당했다. 마루모가 합병의 중심이었다는 것은 확실하다.

마루모는 "고고학자 같지 않은 고고학자"였다고 한다(후지모리 에이이치, 『에투알 마루모 다케시게—발문을 대신하여丸茂武重のエトアール—跋にかえて』. 마루모 다케시게, 『신들과 지성의 전쟁神々と知性の戦ひ』, 쇼와 23년 1월, 아시카비쇼보). 도쿄고고학회의 중심 인물이면서도 "필드에도 나가지 않고, 삽을 쥐어본 적도 없는 고고학자"라고 평가되었다. 쇼와 15년 "추운 때", 마루모는 부인인 극작가 다이 요코田居洋子와 함께 '신고전파'를 결성해 "반전운동에 나섰다". 그리고 『고대 희극론古代喜劇論』을 출판했는데, 제본 완성 직후 그의 손에 있는 책 한 권만 남기고 나머지는 출판사에서 "가져가버렸다"[3]고 한다. 펜을 잡지 못하게 된 마루모는 도리이 류조의 소개로 '만주'

---

3 후지모리 에이이치, 『가모시카미치 이후』(쇼와 42년 7월). 후지모리의 『고대 희극론』 서평은 『고고학』 제11권 제3호(쇼와 15년 3월)에 게재되었다.

군관학교 교수로 부임하기 위해 "만주로 건너갔다". "전쟁을 싫어하는 학자는 육군 소위였다." 마루모가 도리이의 소개로 "도만"하게 된 계기는 도쿄고고학회 고문인 도리이와 같은 학회 동인인 유지有志가 쇼와 15년 여름에 가진 모임에서 만들어진 듯하다. 그리고 마루모는 "도만"했다.

쇼와 15년 연말(혹은 쇼와 16년 1월 무렵), 마루모는 후지모리와 미쓰모리를 방문했다가 두 사람의 "가난"을 목격하고 단번에 "거국 체제" 구상을 수립했으며, 쇼와 16년 2월 16일 일본고대문화학회가 발족했다.

이렇듯 후지모리의 회고와 『고고학』 제11권 등으로 일본문화학회 성립의 전후를 추측해볼 수 있다.

학회의 합병

마루모의 기획은 예기했던 방향으로 이루어지지 않았다. 목적을 달성하기 위해 너무 서두르기도 했고, 전통 있는 학회들이 전혀 움직이지 않았기 때문이다. 그것은 당연한 결과였다.

당시 고고학회(기관지 『고고학 잡지』), 도쿄인류학회(기관지 『인류학 잡지』), 사전학회(기관지 『사전학 잡지』)가 있었는데, 운영의 배경에는 각각 도쿄 제실박물관, 도쿄 제국대학 인류학회, 오야마사전학연구소가 있어 합병에 관심을 보이지 않았다. 전국적으로 회원을 보유하고 있으면서 연구회의 주요 인물이 도쿄에 체류하며 의견 교환이 가능한 것은 도쿄고고학회, 고고학연구회, 중부고고학회였다. 오사카에 사무소가 있는 도쿄고고학회의 주요 인물은 도쿄에 살고 있었으며, 교토에 사무소를 둔 고고학연구회의 주간은 도쿄로 이사했고, 중부고고학회의 사무소 역시 도쿄에 있었다. 이 세 연구회가 합병했을 때 그 대표자, 기관지는 어떻게 할 것인가의 문제가 있었다. 대표자로 추대된 고토 슈이치는 그 무렵 도쿄 제실박물관을 사직했기에 상황이 좋았으며, 실제로도 고토를 중심으로 관계자들 사이에 협의가 있었던 듯하다. 그리하여 도쿄고고학회가 기관지 『고고학』의 제목을 바꾸어 권호를 계승하고, 고고학연구회의 주간이 기관지의 편집 주임이 되었다.

새로운 연구회의 이름은 '일본고대문화학회', 대표는 고토 슈이치, 사무소는 고토의 자택(도쿄도 스기나미구 아사가야杉並区阿佐ケ谷 3초메 526번지), 기관지 이름은 『고대문화』로 결정했다. 그렇게 해서 『고고학』 제11권 제1호에 이어서 『고대문화』 제11권 2호가 발행된 것이다.

합병은 매우 신속히 이루어졌다. 발회식 겸 제1회 총회가 열린 것이 쇼와 16년 2월 16일이었고, 기관지의 발행일은 2월 25일이었다. 따라서 2월호(제12권 제2호)의 표지 2에 〈일본고대문화학회 회칙〉이 게재되었을 뿐, 일본고대문화학회의 제1회 총회 기사는 고토의 「일본고대문화학회의 주장」과 함께 3월호(제12권 제3호)에 발표되었다.

세 고고학 연구 단체의 합병은 마치 제2차 고노에 내각의 '신체제' 운동에 영합하는 듯한 취지하에 단번에 이루어졌다. 그러나 그들이 추구하는 학문 방향까지 통합된 것은 아니었다. 도쿄 제실 박물관을 배경으로 하는 중심 멤버가 운영했던 고고학회는 일본 고대문화학회의 발족에 자극받아 이름을 '일본고고학회'로 개명하는 데 그쳤으며, 도쿄 제국대학 인류학 교실을 배경으로 하는 도쿄인류학회는 아무런 움직임도 보이지 않았다. 오야마 가시와가 주재하는 사전학회도 꼼짝하지 않았다.

고고학에서 '신체제' 운동은 관을 사직한 고토를 중심으로 한 세 민간 연구 단체의 합병극에 불과했는데, 그것은 쇼와 17년 5월 26일에 발족한 일본문학보국회日本文学報国会를 중심으로 모인 문학계와는 큰 차이가 있었다. 일본문학보국회는 "국가의 요청에 따라 국책을 철저히 보급하고, 선전 보급에 헌신하며, 그것으로 국책의 시행 실천에 협력"하는 것을 목적으로 조직된 공익법인이었다[오자키 호쓰키尾崎秀樹, 『구식민지문학 연구旧植民地文学の研究』 쇼와 46년(1971) 6월, 게이소쇼보勁草書房].

건국과 대동아의 고고학

고토가 중심이 되어 추진한, 민간 주도하에 고고학계의 '신체제'를 확립하려는 의도는 초기의 목적을 달성할 수 없었다. '국책'을 바탕으로 화려한 활동을 계속했던 동아고고학회와의 경쟁은 도저히 불가능했다.

그러나 일본고대문화학회는 "일본을 중심으로 하되 동아 제방"을 연구 범위로 삼는다고 주장했다. 그것은 마치 고토가 야요이식 문화의 연원을 찾기 위해 한반도와 중국 대륙을 조사하고 싶어했던 것과 궤를 같이하는 듯하다.

일본고대문화학회는 다른 전통적인 고고학회들과 달리 끊임없이 "성전 완수", "미영 격멸의 백년전쟁" 그리고 "국가를 위해"라는 주장을 펼쳤다. 그들은 『고대문화』를 통해 '대동아공영' 사상을 부르짖은 것이며, 그들이 추구한 것은 "건국"의 고고학이라고 평가할 수 있을 것이다.

그 무렵 오야마 가시와는 '대동아 고고학'에 대해 이렇게 이야기했다(「M·헤르네스의 『사전고고학의 기초적 지식』을 읽고エム・ヘルネス『史前考古学の基礎的組織』を読む」의 추기推記, 『사전학 잡지』 제14권 4·5호, 쇼와 17년 12월).

최근 대동아 고고학을 제창하는 사람이 있다는 것을 들었다. 정말 좋은 생각이라 쌍수를 들어 찬성한다. 더욱이 동아의 독자적인 경지에 입각한, 구미에 의존하지 않는 동아 고고학의 창립이라고 한다면 더욱 그러하다. 그렇지만 만에 하나라도 자신 혼자만의 동아 고고학으로 타인에게도 학회에도 통용되지 않는 것이라면 오히려 없는 편이 사람을 혼동시키지 않을 것이다. 과학 연구라는 것은 적도 내 편도 없고, 그 좋은 점을 더욱 추진해나가는 것이 가장 중요하며, 그것이야말로 과학자의 임무다. 이렇게 해서 대동아 고고학도 생겨나는 것인데, 가장 두려운 것은 소화불량의 과학, 자신의 공부 부족과 잘하지 못함을 감추려고 하는 위과학론僞科学論이다.

집필일은 쇼와 17년 12월 16일이다. 오야마는 무엇을 제언하려고 했던 것일까.

고고학자와 '일본 정신'

고토 슈이치와 그 저작물

쇼와 15년 1월, 고고학자 고토 슈이치가 기원 이천육백년 축전의 일환으로 라디오 방송에 출연해 '상고시대 문화사'를 고고학의 관점에서 이야기한 것은 앞에서 다루었다. 4회에 걸친 이 〈국사 강좌〉의 '상고시대' 방송이 1년 후 『일본 문화의 여명 편』으로 출판되어 고고학자에게도 찬사를 받은 것은 그 내용이 당시 학계의 성과를 잘 정리했다는 것을 보여준다.

그는 「저자 서문」에서 "몇만의 방송 청취자에게 어떻게든 우리 고고학 연구자들이 거둔 성과의 큰 흐름을 전했다는 자부심이 있다"고 자부하며 "야마토 문화 형성의 흔적에 대해 확신을 가지고 말할 수 있었다"고 밝혔다.

그후 고토는 쇼와 17년 3월에 『하니와埴輪』(아르스 문화 총서アル

ス文化叢書, 아르스ァルス), 4월에 논문집『일본 고대문화 연구日本古代文化 硏究』(가와데쇼보)를 발표했다. 이어서 쇼와 18년에 들어와서는 5월 에『일본 역사고고학日本歷史考古学』(시카이쇼보) 6판, 6월에『일본 고고학日本考古学』(시카이쇼보) 10판과『고경취영古鏡聚英』상편(오츠 카코게이샤大塚工芸社), 7월에『일본 복장사 개설日本服装史槪説』(시카이 쇼보), 그리고 11월에『선사시대의 고고학先史時代の考古学』(세키분도 績文堂)을 발간했다.『일본 고대문화 연구』는 4월에 발행되었는데, 3개월 후인 7월에 재판이 나올 정도로 호평받았다. 이 책에는 "고분 문화를 중심으로 하는 내용으로, 특히 생활 문화에 관계있는" 기존 의 논문 26편이 수록되어 있는데, "이전 논문에 개정의 글을 더"하 거나 "오래된 논문은 거의 다시" 썼다.『일본 역사고고학』은 쇼와 12년에,『일본 고고학』은 쇼와 2년에 초판이 간행되었다. 모두 '제 실박물관 전前 감사관'으로서 집필한 것인 반면,『일본 복장사 개 설』은 '국학원대학 교수' 신분으로 집필한 것으로 표기되어 있다. 기존에 간행된『고경취영』하편은 '수당경隋唐鏡에서 화경和鏡으로' 를 다루었고, 상편은 '한경漢鏡에서 육조경六朝鏡'을 다루었다.

『선사시대의 고고학』은 "어린이들"을 대상으로 새로 쓴 저작 이다. 발행처(세키분도)는 "청소년 대상의 읽을 거리"를 출판했는 데,『제국 잠수함帝国潜水艦』,『항공모함과 비행기航空母艦と飛行機』, 『제국 기갑부대帝国機甲部隊』,『대동아전과 과학병기大東亞戰と科学兵 器』 등을 '어린이 과학' 시리즈로 발행했다. 그렇기에 "어린이들을 위해 이 책을 쓴다"는 표현이 이상한 것은 아니었다. 고토는 고고학을 설명하면서 "국가의 이 비상시"에야말로 "일본인이 어떤 사람들인지를" 아는 것이 필요하며, "황공하게도 선전宣戰의 칙어勅語를 받고 1년여, 일본의 위대함"에 "세계인들이 놀랐다"고 이야기하고 있다. 이어서 "대동아공영권의 사람들에게는 형으로 누나로 존경받고, 또한 친밀해지지" 않으면 안 된다고 말한다. 그리고 "만세일계万世一系의 황실皇室", "팔굉위우八紘位右의 대이상"에 관해 이야기하며, "팔굉위우라는 것은 결코 어제오늘의 일이 아니다. 먼 고대로부터의 일이라는 것이 고고학 연구로 밝혀졌다"고 말한다. 그리고 일본 고고학의 "최후의 목적"은 "고대 일본인을 밝히고 그 정신을 밝히는 것"이라고 가르친다. 이것이 "어린이들"에게 보내는 한 고고학자의 메시지였다.

쇼와 19년에 들어와 고토는 1월에 『하니와 이야기』(조신도增進堂), 11월에 『선조의 생활』(대일본웅변회고단샤大日本雄弁会講談社)을 간행했다. 앞의 책은 『어린이 선집』, 뒤의 책은 『어린이를 위한 일본문고』에 수록되었다.

"하니와에는 일본인의 정신이 담겨져 있다"고 말하는 『하니와 이야기』, "승리의 길로 향하여 돌진하는 일본인의 정신력", "우수한 일본 민족의 정신을 먼 옛날 선조의 생활에서 발견한다"고 이야기하는 『선조의 생활』, 이 두 권의 '어린이' 대상 책은 먼저 간행된 『선사시대의 고고학』과 함께 고명한 고고학자가 "어린이"

를 대상으로 쓴 "일본 정신" 삼부작이었다.

이들의 발행 부수는 『선사시대의 고고학』 5,000부, 『하니와 이야기』 3,500부, 『선조의 생활』 5,000부였다.

기원 이천육백년을 맞이한 쇼와 15년의 라디오 방송부터 쇼와 19년 11월 『선조의 생활』의 간행에 이르기까지, 고토는 일관되게 고고학자의 입장에서 시국에 대한 발언을 이어왔다. 고토의 발언은 "일본 민족의 한 사람", "고고학자의 한 사람"으로서 시국에 따라 개진된 것이다.

기원 이천육백년을 둘러싼 고고학계

그 무렵(쇼와 15~19년), 고고학계는 어떠한 움직임을 보이고 있었을까.

기원 이천육백년을 맞이한 쇼와 15년, 고고학회는 『고고학 잡지』 제30권에 '황기 이천육백년 창간 30권 기념 특집호'를 1·3·5·6호로 발간했다. '경鏡'(제1호), '검劍'(제3호), '옥玉'(제5·6호)에 관한 특집이었다. '3종의 신기神器'를 특집 테마로 했다는 데에서 고고학회의 방향을 엿볼 수 있다.

이 특집은 같은 해 9월 『경검 및 옥의 연구鏡劍及玉の硏究』(고고학회 편, 요시카와코분칸)라는 제목의 단행본으로 간행되었다. 「서문」을 쓴 회장 구로이타 가쓰미는 "빛나는 기원 이천육백년, 이 경사스러운 날을 맞이한 우리 국민 모두 감격을 금할 수" 없다며,

"본회는 이 경사스러운 날을 기념하고 더불어 학문의 전도를 축복하기 위해 우리 건국 정신의 상징이며 우리 고고학 연구의 주제이기도 한 거울, 검 및 옥에 관한 논문을 모집"하여 특집호를 펴내고, 그것을 바탕으로 단행본을 발간했다는 경위를 이야기하고 있다. 책에 수록된 논문은 거울 8편, 검 8편, 옥 9편 등 25편이다. 특집호에 게재된 논문은 거울 5편, 검 6편, 옥 8편으로, 특집호 이외의 호에 게재된 거울 1편, 옥 1편 등 2편과 새롭게 집필된 거울 2편, 검 2편을 더해 책을 간행한 것이다.

한편 도쿄고고학회는 『고고학』 제11권 제1호(쇼와 15년 1월)의 '회고'에 이렇게 선언하고 있다.

> 여기 빛나는 기원 이천육백년의 봄을 맞이하여 국민 모두 건국의 유원한 역사를 생각하고 새로운 역사의 실천으로 나아가자는 결의를 불태우는 때, 우리들 또한 도쿄고고학회를 만들고 10년의 학문적 성과를 쌓아올려… 만 10주년의 기쁨을 더하는 영광을 가지게 되었다.
>
> 현재 흥아 건설의 때를 맞아 고고학에 주어진 대일본 여명의 문화를 천명하는 임무의 중대함을 생각하여 본회는 더욱 만전을 다해 그 사명을 달성하기 위해 노력할 것이다.

그리고 그것을 기념하기 위한 활동의 하나로 『기념 논고집』(가제

『일본 문화의 천명日本文化の闡明』)을 간행하겠다고 예고했다. 논고집은 9편의 논문을 수록해『일본 문화의 천명』(『고고학 평론考古学評論』, 제4집)이라는 제목으로 쇼와 16년 5월에 간행되었다.

또한 사전학회는『사전학 연보史前学年報』(쇼와 15년도)의 사업 보고에서 "황기 이천육백년의 의미 깊은 해를 보내며, 우리 사전학회는 창립 13년의 봄을 맞이하고", "미증유의 비상시 아래 성전 제4년의 사전학회, 고고학회는 많은 곤란을 극복하면서 부단의 활동을 계속"해왔다고 말하고 있다.

"기원 이천육백년"의 시기에 고고학회, 도쿄고고학회는 기념 논문집을 발간하고 사전학회는 사업 보고 중에 기원 이천육백년을 다루었다. 이러한 '중앙'의 고고학 관련 학회 외에 '지방'의 고고학 관련 학회에서도 기념 사업을 기획했다. 예를 들어『기이고고』를 발행하는 기이고고잡지발행회(와카야마현和歌山県)는 제3권 제1호의 '권두사'에서 "아아 이천육백 년간 도야되어, 전통 있는 국민정신과 불에도 물에도 없어지지 않는 독자의 문화에 영광 있으라", "우리들은 국민정신과 국민문화의 소재를 흙 속에서 파내는 것이다. 민족도 정조情操도 오래된 만큼 순수해야 할 것이다", "우리들은 이 의미 깊은 해를 맞이하는 동시에 기이노쿠니紀伊国 일원의 고고학적 탐구에 정진하고, 특히 이 기회에 진무 천황이 구마노熊野에 왔다는 기록에 관한 탁상공론을 끝내고 진실을 발견해야 한다"고 쓰고 있다. 이어서 다음호(제3권 제2호)에는 '진무 천황의 성적지聖蹟地'에 관한 3편의 논문을 실어 "이천육백년의 축의"를 나타냈다.

우에다 산페이上田三平가 "기원 이천육백년을 기념"하기 위해 『일본 사적 연구日本史蹟の研究』(제일공론사第一公論社)를 정리한 것도 쇼와 15년 10월의 일이었다. 내무성·문부성에서 각지의 사적을 조사하는 임무를 담당했던 우에다가 '궁宮', '국청国庁', '사寺', '책柵·성城', '약원薬園' 유적 등을 답사한 내용을 한 권으로 정리한 이 책은 그가 24년간 걸어온 궤적이기도 했다.

기원 이천육백년 봉축 행사의 하나로 도쿄 제실박물관에서 〈정창원어물특별전〉을 개최하는 등 쇼와 15년은 '봉축의 해'였다.

다음해 고고학회는 일본고고학회로, 도쿄인류학회는 일본인류학회로, 도쿄고고학회·고고학연구회·중부고고학회는 합병해 일본고대문화학회로 각각 명칭을 변경하고 합병을 이루었다. 학회도 크게 변모했던 것이다.

고고학과 '일본 정신'

고토는 쇼와 15년에 도쿄 제실박물관을 퇴직하고, 도쿄 문리과대학·국사관전문학교国士舘専門学校 등의 강사를 역임한 뒤 쇼와 18년부터 국학원대학 교수에 취임했다. 그사이에 '어린이'를 대상으로 하는 '일본 정신' 삼부작을 발표했다.

쇼와 15년의 라디오 방송, 그것을 정리한 쇼와 16년의 『일본의 문화 여명 편』, 쇼와 18년에 간행된 『선사시대의 고고학』, 그리고 쇼와 19년의 『하니와 이야기』와 『선조의 생활』 출판, 쇼와 16년 2월 일본고대문화학회 대표 취임은 관을 떠난 한 사람의 고고학자가 시대와 함께 살아간 모습을 보여준다.

그 무렵 고고학계에서 활약했던 많은 고고학자들은 유적·유물의 보고와 분석에 주안을 두고 글을 집필하는 등 실증주의에 철저히 기반했기 때문에 관의 압박을 피해 살아갈 수 있었다는 평가가 있다. 그 평가는 일면 맞을지도 모른다. 그러나 글을 전혀 쓰지 않은 사람도 있었으며, 한편으로는 '대동아공영권' 구상에 영합했던 사람도 있다. 모두 제각각이었던 것이다.

학회도 자신의 기관지에 실증주의에 입각한 논문과 보고를 게재해 안온했던 측면도 있다. 그러나 편집의 방침, 목적 등은 학회마다 제각각이었다. 그중에 이색적이었던 것은 일본고대문화학회다. 그 '편집후기'에는 정말로 시대의 흐름에 영합한다는 느낌을 주는 문장이 실려 있는데, 그것은 고고학자의 고무된 '일본 정신'의 발로였다고 할 수 있다.

문부성이 『국사개설國史概説』(상·하 1월·3월)을 간행하고 '조국의 굉원宏遠'을 제창한 것은 쇼와 18년의 일이었다. 일본고고학회의 제49회 총회(쇼와 19년 4월 20일 개최 예정)가 "비상시 결전 체제하"에서 "긴급을 요하지 않는 회합은 자중"하라는 "당국"의 요청에 의해 "유회流会"가 된 것은 쇼와 19년 3월이었다.

이해 2월 문부성은 군사교육을 강화한다는 방침을 발표하고, 식량 증산에 학도(500만인)를 동원하기로 결정했다. 또한 각의閣議는 학도 근로 동원을 연중 실시하기로 결정했으며, 나아가 문부성은 〈학교 공장화 실시 요강学校工場化実施要綱〉을 발표했다. 정말로 비상시였던 것이다.

참고문헌

미즈노 세이이치水野清一, 1948, 『동아 고고학의 발달東亜考古学の発達』, 오야시마 출판大八洲出版

와지마 세이이치和島誠一 외, 1956, 「일본 고고학의 발달日本考古学の発達」 『일본 고고학 강좌日本考古学講座』 2, 가와데쇼보河出書房

고바야시 유키오小林行雄, 1962, 「고고학사·일본考古学史·日本」 『세계고고학대계世界考古学大系』 16, 헤이본샤平凡社

곤도 요시로近藤義郎, 1964, 「전후 일본 고고학의 반성과 과제戦後日本考古学の反省と課題」 『일본 고고학의 제 문제日本考古学の諸問題』, 가와데쇼보

사이토 다다시斎藤忠, 1974, 『일본 고고학사日本考古学史』, 요시카와코분칸吉川弘文館

도자와 미쓰노리戸沢充則, 1978, 「일본 고고학사와 그 배경日本考古学史とその背景」, 『일본 고고학을 배우다日本考古学を学ぶ』 1, 유히카쿠有斐閣

사이토 다다시, 1979, 『일본 고고학 자료 집성日本考古学資料集成』, 요시카와

코분칸

사카즈메 히데이치坂詰秀一, 1983, 『일본 고고학 문헌 해제日本考古学文献解題』Ⅰ, 뉴사이언스사ニューサイエンス社

사이토 다다시, 1984, 『일본 고고학사 사전日本考古学史辞典』, 도쿄도 출판東京堂出版

사카즈메 히데이치, 1985, 『일본 고고학 문헌 해제日本考古学文献解題』Ⅱ, 뉴사이언스사

데시카와라 아키라勅使河原章, 1988, 『일본 고고학사 연표와 해설日本考古学史 年表と解説-』, 도쿄대학출판회東京大学出版会

야나기사와 세이이치柳沢清一, 1990, 「『미네르바』 논쟁과 건국의 고고학 출판 역사로 본 고고학사의 일면『ミネルヴァ』論争と肇国の考古学 出版史から見た考古学史の一断面」, 『선사고고학 연구先史考古学研究』 3

＿＿＿＿＿＿＿＿, 1990, 「고토 슈이치의 『선조의 생활』과 그 주변後藤守一 『祖先の生活』とその周辺」, 『선사고고학 연구先史考古学研究』 3

사이토 다다시, 1992, 『일본 고고학 용어 사전日本考古学用語辞典』, 가쿠세이샤学生社

＿＿＿＿＿＿＿＿ 1993, 『일본 고고학사 연표日本考古学史年表』, 가쿠세이샤勅使河原章, 1995, 『일본 고고학의 발자취日本考古学の歩み』, 메이초 출판名著出版

야나기사와 세이이치, 1995, 「일본고대문화학회와 역사 교과서 편집 어린이신문 편 『새로운 일본 역사』 제1권과 그 주변日本古代文化学会と歴史教科書の編輯-少国民新聞編『新しい日本の歴史』第一巻とその周辺-」, 『고대古代』 2-99호

하루나리 히데지春成秀爾, 1995, 「세이료 최후의 저항 두 개의 『고대 유물』

青陵最後の抵抗 二つの『古代の遺物』-」, 『고고학 연구考古学研究』 제42권 제2호

_____, 1996, 「『문화』와 『사회』 야마노우치 스가오의 「일본 태고문화의 한 배경」『文化』と『社会』山内清男の「日本遠古之文化」の一背景-」, 『고고학 연구』 제42권 제2호

사이토 다다시·세리자와 조스케芹沢長介·에사카 데루야江坂輝彌·사카즈메 히데이치 편, 1971~1986, 『일본 고고학 선집日本考古学選集』 전 25권, 쓰키지쇼칸築地書舘

사이토 다다시 편, 1986~1988, 『일본 고고학 논집日本考古学論集』 전 10권, 요시카와코분칸

사쿠라이 기요히코櫻井清彦·사카즈메 히데이치 편, 1986~1989, 『논쟁적인 학설 일본의 고고학論争学説 日本の考古学』 전 7권, 유잔카쿠 출판雄山閣出版

후기

고고학사에 관심을 가진 것은 학생 시절 이시다 모사쿠 선생에게서 "학문은 학사로부터"라는 가르침을 받았을 때부터였다. 그후 사이토 다다시 선생의 가르침을 받고 그 관심은 배가되었다. 사이토 선생이 수집한 방대한 학사의 생생한 자료를 보고, 학사 연구는 선생의 독무대로 다른 사람이 비집고 들어갈 여지가 없다고 감동받았다.

사이토 선생은 『일본의 발굴日本の発掘』과 『일본 고고학사』를 시작으로 『일본 고고학사 자료 집성日本考古学史資料集成』, 『일본 고고학사 사전』 등 일본 고고학사의 노작을 연이어 학계에 선보였다. 대부분 직접 수집, 정리한 자료들이었다. 선생은 "사실을 충실히 재현하는 것이 학사 연구의 첫걸음"이라는 신념하에 수집한 자료를 아까워하지 않고 공표했다.

사이토 선생의 이러한 작업을 지켜본 나에게, 일본 고고학사를 체계화한 최초의 저작 『일본 고고학사』는 좌우명이 되는 책 중 하나가 되었다.

『일본 고고학사』는 사이토 선생의 수많은 저서 중에서도 손꼽히는 명저이지만, 일본을 중심으로 삼아 '외지'의 고고학에 대해서는 다루지 않는다는 점이 아쉬웠다.

일본 연구자가 '외지'에서 수행한 고고학에 대해서는 쇼와 20년대부터 30년대에 직접 조사에 종사한 연구자를 중심으로 과거의 조사를 종합하는 연구회가 열린 적도 있었지만, 자세한 내용은 발표되지 않았다.

나는 태평양전쟁 중에 일본의 연구자가 '외지'에서 어떠한 시각으로 유적을 발굴했는지 궁금해, 관련된 보고서 등을 수집하며 약간의 사견을 발표해왔다(『고문화담총古文化談叢』 제30집, 『릿쇼 대학 문학부 담총立正大学文学部談叢』 제99호, 『릿쇼 대학 문학부 연구기요立正大学文学部研究紀要』 제11호 등). 그리고 언젠가 일본 고고학의 또 다른 역사를 써보자는 생각을 해왔다.

최근 일본 고고학계에 학사 연구를 주제로 삼는 경향이 현저해지고 있다. 학사 연구는 연구자 개개인의 시점에서 이루어지기 때문에 같은 주제를 다루어도 완전히 다른 평가가 내려지는 일이 결코 드물지 않다. 아니, 그것은 당연한 것일지도 모르겠다. 다만 이야기할 수 있는 것은, 관계 자료—문헌을 가능한 한 자신이 확인하고 소화하는 것이 필요하다는 것이다. 간혹 보고서 등의 '연구 약사研究略史'에 재인용이 보이고, 게다가 명백하게 인용되었다고 생각되는 문헌을 기재하지 않은 예도 있는데, 연구자로서의 도덕성이 의심스러운 일이다. 나는 특히 학사를 다루는 경우에 이 부분을 유의해야 한다고 조용히 생각해왔다.

이러한 생각을 요시카와코분칸 편집부의 오이와 요시아키大岩由明 씨에게 무심코 이야기했는데, 바로 『쇼와의 고고학昭和の考古学』이라는 제목의 책을 내자는 이야기가 나왔다. 충분히 시간을 준다는 조건으로 받아들이기는 했는데, 책을 쓰는 일은 지지부진했고 잘 진행되지 않았다. 그사이 오이와 씨로부터 새로이 기획되는 『역사 문화 라이브러리歷史文化ライブラリー』 시리즈의 하나로 하고 싶다는 연락을 받았다. 그러나 주어진 분량에 "쇼와의 고고학" 전반을 다루는 것은 불가능했다. 그래서 사이토 선생의 구분법인 '쇼와 전기'와 '침체기'에 일본의 고고학이 어떻게 대응했는가를 그려보고자 했다.

'15년 전쟁'을 '만주사변', '중일전쟁', '아시아태평양전쟁'의 3단계로 구분하는 입장[에구치 게이치江口圭一, 『십오년전쟁사十五年戰爭史』 신판, 헤이세이 3년(1991)]에 따르면 이 책에서 다루는 시기는 바로 '15년' 전쟁기에 해당한다.

일본 고고학사에서 이 시기는 마치 '공백의 시간'처럼 다루어져왔다. 사이토 선생은 "태평양전쟁 중 고고학이 침체되었던 수년"으로 파악했지만 '내지'에서도, '외지'에서도 각각 고고학의 움직임은 있었다. '외지'의 움직임에 대해서는 해당 지역의 조사에 관한 문헌이 충분하지는 않아도 남아 있으며, 또한 당사자가 종합한 것도 있다. '내지' 역시 마찬가지다. 하지만 나는 '외지'의 '식민지' 고고학, '내지'의 '건국'의 고고학에 관해 이쯤에서 정리할 필요가 있다고 생각했다.

최근 일부 고고학 연구자가 '건국'의 고고학과 관련한 새로운 자료를 발굴하고 있다. 그러나 한편으로는 구태의연한 학사 인식도 확인된다.

학사를 인식하는 데 확실한 자료의 수집과 객관적인 인식, 그리고 분석이 우선적으로 요구되는 것은 당연하다. 학사는 그것을 바탕으로 각각의 가치관과 입장에 따라 구성되는 것이다. 일본 고고학사, 특히 쇼와 전기의 고고학사를 학사의 대상으로 냉정하게 논하는 데 아직은 저항이 있다는 것은 사실이다. 감정에 흔들리지 않고 객관적으로 말하는 것은 쉽지 않다. 더욱 중요한 것은 고고학사를 각각의 시국의 흐름, 시점에서 '국민'의 입장을 도외시하고 '고고학자'의 측면만을 잘라내서 파악하는 불합리함이 있지 않나 하는 불안감이 끊임없이 존재한다는 것이다.

여하튼 '태평양전쟁과 일본의 고고학계'에 대해 충분하지는 않지만 나 나름대로 정리한 것이 이 책이다. 일본 고고학사의 '공백의 시간'의 실태를 조금이나마 엿볼 수 있다면 그 나름의 의미가 있을 것이다.

본서를 집필하는 데 다양한 가르침을 주신 사이토 다다시 선생님을 비롯해 쓰노다 분에이·에사카 데루야·요시다 이타루·히라이 히사시 등 여러 선생님께 깊은 감사를 전한다.

마지막으로 이 책이 나오게 된 것은 오이와 씨의 독려와 아울러 귀찮은 편집 실무를 담당해주신 편집부의 스기하라 다마미 杉原珠海 씨 덕분이다. 두 분께 깊은 감사를 드린다.

헤이세이 9년 1월

릿쇼 대학 고고학 연구실
사카즈메 히데이치

찾아보기

[인명 및 단체]

ㄱ

가나세키 다케오 金関丈夫 17, 132, 134~135

경주고적보존회 慶州古蹟保存会 92~93

고고학연구회 考古学研究会 39~40, 43, 45~46, 70~73, 173, 175, 184~186, 189, 199

고노 이사무 甲野勇 48, 52~53, 55~56, 154, 168, 170, 174

고마이 가즈치카 駒井和愛 16~17, 25, 30~31, 33~34, 48, 112, 117, 119

고바야시 도모오 小林知生 21, 30~31

고바야시 유키오 小林行雄 49, 100, 108

고바야시 히데오 小林英夫 79

고쿠부 나오이치 国分直一 132, 134~136

고토 슈이치 後藤守一 34, 41~42, 71, 110, 167~170, 173~174, 176, 183, 189~191, 193, 195~196, 199

기무라 신로쿠 木村信六 152~153

ㄴ

나가히로 도시오 長広敏雄 70, 121~123

나오라 노부오 直良信夫 17, 35~40, 174

나오라석기시대문화연구소直良石器時代文化研究所 35~36
나카야 지우지로中谷治宇二郎 46
네기시 학파根岸学派 41
네즈 마사시禰津正志 70, 140~148
니오카 다케히코新岡武彦 151~153

ㄷ

다무라 지쯔조田村実造 30~31, 107~108
도리이 류조鳥居龍蔵 42, 82~83, 103, 112, 115, 118, 132~133, 152, 158~161, 187~188
도쿄고고학회東京考古学会 20, 39~40, 46~50, 72~73, 170, 173, 175~176, 184, 187~189, 197~199
동방고고학협회東方考古学協会 13, 15, 18, 21, 23, 25, 27~31, 87~88
동아고고학회東亜考古学会 13~15, 18~19, 21~33, 87, 104, 106~108, 115, 118~120, 129, 190

ㅁ

마루모 다케시게丸茂武重 173~174, 176, 186~188
마쓰모토 노부히로松本信広 125,
131, 139, 146
마쓰오카 요스케松岡洋右 78, 183
모로가 히데오諸鹿央雄 92~93
모리모토 로쿠지森本六爾 29, 39~41, 43, 45~48, 73, 185
미쓰모리 사다오三森定男 70, 173~174, 176, 185~186, 188
미야모토 노부히토宮本延人 133~135
미야사카 고지宮坂光次 24, 55
미야카와 하지메宮川肇 95~98
미야케 무네요시三宅宗悦 17, 107
미야케 슌조三宅俊成 104, 106, 108~110, 112~113, 117
미야케 요네키치三宅米吉 41, 45
미즈노 세이이치水野清一 16~17, 25, 30~31, 33, 48~49, 71, 83, 97, 104, 112, 118~123
미카미 쓰기오三上次男 30~31, 33, 48, 107, 112

ㅂ

베이징대학고고학회北京大学考古学会 18, 23~27, 87
부산고고회釜山考古会 95~98

ㅅ

사이토 다다시斎藤忠 8, 12, 89, 170

사전학회史前学会 45, 50~52, 54,
69, 72~73, 188, 190, 198
선젠스沈兼士 24, 26, 28~29
세키노 다다시関野貞 41, 82~83, 97,
99, 112, 115
세키노 다케시関野雄 15, 17, 31
스기하라 소스케杉原荘介 154,
173~174
스에나가 마사오末永雅雄 91, 142
시데하라 기주로幣原喜重郎 22~24,
105
시마다 사다히코島田貞彦 16, 24, 97,
105, 107~110, 114~117
시마무라 고사부로島村孝三郎
22~23, 26~28, 48, 104
시바타 조에柴田常恵 41, 67,
125~126
쓰노다 분에이角田文衛 70, 72, 109
쓰보이 료헤이坪井良平 40, 46,
48~49, 174, 176, 185

ㅇ

아카보리 에이조赤堀英三 17, 31, 33
야기 소자부로八木奘三郎 94,
104~105, 112, 115, 117
야마노우치 스가오山内清男 47, 56,
174
야와타 이치로八幡一郎 32, 46, 48,
71, 127, 137~141, 146, 161, 185
에가미 나미오江上波夫 17, 30~31,
33, 48, 108, 112, 118, 174
오바 이와오大場磐雄 46, 56, 174
오야마 가시와大山柏 45, 50~57, 59,
63~68, 72~73, 109, 125,
190~192
오야마사전학연구소大山史前学研究所
50~52, 54, 56, 59, 66, 69, 188
요시다 도미오吉田富夫 147,
170~171
우메하라 스에지梅原末治 80, 83, 86,
92, 97, 100, 110, 124, 126
이시다 모사쿠石田茂作 42, 88~91,
110
이케우치 히로시池内宏 22, 29, 86,
106~107
일본고대문화학회日本古代文化学会
40, 173~177, 182~183, 189,
191, 199~200

ㅈ

장멍린蔣夢麟 26, 28
조선고고학회朝鮮考古学会 98~100
중부고고학회中部考古学会 40, 72,
75, 175, 184~185, 189, 199

ㅊ

차이위안페이蔡元培 26~27

ㅍ

평양명승구적보존회平壤名勝旧蹟保存会 94

ㅎ

하라다 요시토原田淑人 16~17, 22~25, 27, 29, 32, 42, 48, 83, 86, 104, 119

하마다 고사쿠浜田耕作(하마다 세이료浜田青陵) 12~16, 18, 22~24, 26~29, 32, 42, 48, 69~71, 83, 86, 92, 97, 104, 112, 114, 142~145, 148

하세베 고톤도長谷部言人 64, 137~138

후루사와 야스지로古沢安二郎 149~150

후지모리 에이이치藤森栄一 48, 167, 174, 176, 180, 186~188

후지타 료사쿠藤田亮策 83, 86, 88~89, 94, 98~100, 105

[작품]

『고고 수필 계관호考古随筆 鶏冠壷』 108~109, 114~115

『고고학 논총考古学論叢』 15, 26, 29~30, 70, 72~73, 173, 185

『고고학 연구考古学研究』 29, 40~41, 43, 45~46, 73

『고대문화古代文化』 109, 131, 168, 173, 176~178, 182, 187, 189, 191

『기초 사전학基礎史前学』 59~63, 65~67, 110

『남양 문화 잡고南洋文化雜考』 139~140, 146

『동방고고학 총간東方考古学叢刊』 15~16, 21, 24, 33, 104, 118~120

『동아 고고학의 발달東亜考古学の発達』 31, 83, 104

『동아 문명의 여명東亜文明の黎明』 13

『북의 수비―대대장 진중 일기北のまもり―大隊長陣中日記―』 66~67

『사전학 강의 요록史前学講義要録』 60~63

『사전학 잡지史前学雑誌』 45~47, 52~53, 55~57, 59, 63, 65, 69, 73, 101, 125, 188, 191

『선사시대의 고고학先史時代の考古学』 194~196, 200

『선조의 생활祖先の生活』 110, 195~196, 200

『원시사회―고고학적 연구原始社会――考古学的研究』 144~145, 148

『인도 문명의 여명 印度文明の黎明』 146~147

『인도차이나의 원시 문명 印度支那の原始文明』 145~146

『일본의 문화 여명 편―고고학상으로 본 일본 상대문화의 성립 日本の文化 黎明篇――考古学上より見たる日本上代文化の成立』 167, 169

『중부고고학회 휘보 中部考古学会彙報』 75, 185

『태평양의 고대 문명 太平洋の古代文明』 140~141, 146

『통론고고학 通論考古学』 12

『하니와 이야기 埴輪の話』 110, 195~196, 200

태평양전쟁과 고고학

초판 1쇄 펴낸날 2021년 6월 8일

지은이	사카즈메 히데이치
옮긴이	이기성
펴낸이	문정원
펴낸곳	도서출판 생각과종이
편집	오영나
디자인	이새미
등록	제 566-25100-2014-000004호
주소	충청남도 천안시 서북구 충무로 155, 301호
전화	070-4191-0610
전송	0303-3441-7503
전자우편	jw9408@naver.com

ISBN 979-11-955977-7-2 93910

* 이 책은 가경고고학연구소의 학술연구지원을 받아 출간되었습니다.
* 잘못 만들어진 책은 바꿔드립니다.
* 책값은 뒤표지에 쓰여 있습니다.